Souvenirs
d'un chef du Protocole

Du même auteur

Le GATT, Presses universitaires de France, coll. « Que sais-je ? », 1980.

Le Zimbabwe, Presses universitaires de France, coll. « Que sais-je ? », 1983.

Le Mozambique, Karthala, coll. « Méridiens : peuples et pays du monde », 1995.

L'Organisation mondiale du commerce, Presses universitaires de France, coll. « Que sais-je ? », 2003.

Dictionnaire amoureux de la diplomatie, Plon, 2019.

Daniel Jouanneau

Souvenirs d'un chef du Protocole

PLON
www.plon.fr

92, avenue de France
75013 Paris
Tél. : 01 44 16 09 00
Fax : 01 44 16 09 01
www.plon.fr
www.lisez.com

Mise en pages : Graphic Hainaut
Dépôt légal : octobre 2021
ISBN : 978-2-259-30731-4

Avant-propos

Au début de 1993, je suis ambassadeur au Mozambique depuis trois ans. J'y suis heureux. D'abord, parce que j'aime l'Afrique. J'y ai servi déjà deux fois : comme consul général en Rhodésie, puis chargé d'affaires au Zimbabwe après son indépendance. Trois ans plus tard, j'ouvris notre mission de coopération en Guinée, après la mort de Sékou Touré et l'accession au pouvoir d'un régime militaire désireux de revenir à une relation privilégiée avec la France. Dans les deux cas, le contexte était passionnant pour un diplomate : une grande transition politique, la découverte d'interlocuteurs complètement nouveaux et encore inconnus à Paris. Le diplomate est là pour rebrancher les fils : un travail d'électricien, en somme ! Au Zimbabwe, ce furent les premiers contacts avec Robert Mugabe, et des espoirs qui, malheureusement, firent place assez vite à de graves désillusions.

À Maputo, il n'y a pas eu changement de régime mais, à l'issue d'une longue guerre civile, le gouvernement de Joaquim Chissano a signé un accord de paix avec la guérilla, soutenue par l'Afrique du Sud de l'apartheid. Au même moment, le Mozambique tourne la page du marxisme-léninisme, dont le bilan pour son économie est calamiteux. Il sollicite l'aide des pays occidentaux. Le gouvernement de Michel Rocard décide d'étendre aux anciennes colonies portugaises, devenues indépendantes après la révolution des Œillets (25 avril 1974), les moyens très substantiels de notre coopération avec les États d'Afrique francophone.

À l'époque, la mission d'un ambassadeur est en principe de trois ans. Le temps de solliciter une nouvelle affectation est donc venu, et je me porte candidat à deux postes de directeur d'administration centrale qui vont se libérer à l'été, et auxquels me prépareraient mon expérience de l'Afrique et mon goût pour les questions de coopération au développement. C'est alors que le Quai d'Orsay (nous disons « le Département ») me téléphone. Dans une ambassade lointaine, sans problèmes urgents ni graves, c'est un événement ! À ma grande surprise, c'est un appel du chef du Protocole, André Gadaud. Le Conseil des ministres vient d'approuver sa nomination comme ambassadeur à Madrid. Daniel Bernard, directeur du cabinet du ministre des Affaires étrangères Roland Dumas, doit soumettre à l'Élysée trois noms pour sa succession, et mon interlocuteur me demande si j'aurais une objection à être inscrit sur la liste. Il m'apprend au passage que les deux postes parisiens auxquels je suis candidat sont déjà pourvus.

Je lui donne d'emblée mon accord. Le Protocole ne m'est pas totalement étranger. Consul général à Québec entre 1987 et 1989, j'avais organisé avec ma petite équipe une dizaine de visites ministérielles. Les membres du gouvernement Rocard engagés dans une grande réforme avaient le réflexe, après avoir regardé ce que faisaient nos partenaires européens, de venir examiner les expériences québécoises, souvent en avance sur les nôtres. J'avais bien aimé ce travail de préparation, à la fois pratique, logistique, et politique.

Mais, surtout, j'avais accueilli le président Mitterrand à deux reprises, en mai 1987 dans le cadre de sa visite d'État au Canada puis, en septembre de la même année, pour le sommet de la Francophonie de Québec, auquel participait à ses côtés le Premier ministre Jacques Chirac.

C'est à Québec que j'avais été initié sans le savoir à mon futur métier, en regardant faire la mission préparatoire conduite par le chef du Protocole[1]. Lorsque le poste me fut proposé, j'avais déjà une idée de la manière dont se prépare un voyage présidentiel à l'étranger.

J'ai eu le privilège d'exercer les fonctions de chef du Protocole pendant quatre ans (7 avril 1993-27 mai 1997), sous l'autorité de deux présidents de la République, François Mitterrand puis Jacques Chirac. Ce fut pour notre pays une période d'intense activité diplomatique, avec des initiatives françaises importantes sur de nombreux sujets. La cohabitation de 1993-1995 avec le gouvernement d'Édouard Balladur n'empêcha nullement la France de parler et de proposer d'une seule voix. Les deux présidents se sont passionnés pour la politique étrangère. Dans les pays qui les accueillaient, leurs messages étaient attendus et très écoutés. Ceux de François Mitterrand, parce qu'il allait quitter la scène politique après avoir dirigé la France depuis quatorze ans, et qu'il était devenu le doyen des chefs d'État européens élus. Son aura impressionnait. Ses prises de parole, lors de ses derniers voyages, avaient valeur de testament. Quand Jacques Chirac lui succéda, le monde regardait avec curiosité ce nouveau président français, dont l'entrain et

---

1. Henri Benoît de Coignac, prédécesseur d'André Gadaud.

l'intérêt porté aux autres lui assuraient partout une réelle sympathie.

Ce livre présente les différentes facettes de cette « étrange profession, ne répondant à aucun critère », pour reprendre les mots de François Mitterrand. Ce sont des souvenirs de personnages remarquables, de grands événements, de moments intenses ou de situations cocasses, de frayeurs parfois…

Le chef du Protocole en France

Le protocole est aussi ancien que les États. Il est intrinsèquement lié au pouvoir. Il concourt au bon fonctionnement des institutions, et sa mission s'inscrit dans un environnement politique. Le protocole impérial de Byzance était très détaillé, glorifiait l'empereur, devait convaincre de sa toute-puissance ceux auxquels il accordait une audience. Il inspira le protocole ottoman.

Il a fallu ensuite organiser les relations entre les États, afin qu'elles se déroulent de la meilleure façon possible, par des règles et des usages admis par tous et codifiés. C'est pourquoi le protocole est aussi ancien que la diplomatie.

En France, le protocole est très présent dès le Moyen Âge. En 1377, le roi Charles V veille personnellement à ce que la visite à Paris de l'empereur germanique et roi de Bohême Charles IV se déroule à l'entière satisfaction de son hôte. Les salutations, ordonnances des cortèges et placements à table ont été soigneusement préparés sous le contrôle du roi. Il les fera consigner dans ses *Grandes Chroniques de France*. Au XVIe siècle, lorsque sont apparues entre Milan, Turin, et Venise les premières ambassades permanentes, se sont vite posées la question des préséances entre ambassadeurs et celle des privilèges et immunités qu'il convenait de leur accorder en raison de leurs fonctions.

En 1585, Henri III crée, à côté du grand maître des cérémonies, responsable des réceptions, audiences et déplacements du souverain, fonction qui existait déjà, un « introducteur des ambassadeurs » chargé d'accueillir les nouveaux ambassadeurs étrangers, d'organiser la remise de leurs lettres de créance et d'être leur interlocuteur à la Cour. Le roi justifia ainsi sa décision : « Selon le désir que nous avons que toutes choses soient conduites et maintenues en notre cour avec l'ordre requis pour y faire reconnaître la dignité et splendeur convenables. » Le baron Jérôme de Gondi, issu d'une famille florentine de banquiers et de diplomates, fut le premier titulaire de cette nouvelle fonction.

Sous l'Ancien Régime, les introducteurs des ambassadeurs restaient à leur poste au moins dix ans, et ils servirent parfois de père en fils. Nicolas de Sainctôt, adjoint du grand maître des cérémonies, puis introducteur des ambassadeurs, assura le protocole de Louis XIV pendant cinquante-quatre ans, record historique pour la France ! Il ne prenait d'ordre que du roi. Il formalisa une étiquette sophistiquée, qui organisait avec un luxe de détails la vie quotidienne à Versailles et avait pour but de faire forte impression sur les hôtes étrangers. Le roi écrit dans ses *Mémoires* : « Les peuples sur qui nous régnons, ne pouvant pénétrer le fond des choses, règlent d'ordinaire leur jugement sur ce qu'ils voient au-dehors, et c'est le plus souvent sur les préséances et les rangs qu'ils mesurent leur respect et leur obéissance. » Et il ajoute : « Ceux-là s'abusent lourdement, qui s'imaginent que ce ne sont là qu'affaires de cérémonie. » Lorsque Louis XIV recevait à Versailles des invités de marque, les audiences se tenaient dans les grands appartements du château, mais c'est dans la galerie des Glaces qu'il accueillait avec faste, comme le fera à son tour Louis XV, les chefs d'État ou leurs représentants, venus parfois de très loin : ambassadeurs du Siam, du shah de Perse, du sultan ottoman.

Les fonctions protocolaires à la Cour resteront séparées en deux pendant tout l'Ancien Régime, avec un grand maître des cérémonies et un introducteur des ambassadeurs. Elles sont supprimées par la Révolution, qui malmène sérieusement le protocole. Les souverains européens ont du mal à s'adresser aux nouveaux représentants de la France en leur disant « citoyens ». Le Consulat remet de l'ordre. Napoléon Ier recrée une forme nouvelle de dualité : un grand maître des cérémonies qui reste à la Cour, et un service du Protocole au ministère des Relations extérieures. Le Protocole comme service de l'État, avec un « P » majuscule, apparaît pour la première fois dans le vocable de l'administration française. Il applique et interprète les règles et usages du protocole, avec un petit « p », notion plus large que celle de cérémonial, car englobant aussi l'organisation des déplacements officiels et les questions de privilèges et d'immunités. Ce schéma perdurera jusqu'à la fin du Second Empire.

La IIIe République supprime la charge de grand maître des cérémonies. Le directeur du Protocole du ministère des Affaires étrangères reçoit la responsabilité du cérémonial de la présidence de la République. Il devient alors le seul responsable du Protocole d'État, avec le titre de « chef du Protocole, introducteur des ambassadeurs ». Pour rassurer les monarchies européennes et leur montrer que la France républicaine n'allait pas attacher une moindre importance que l'Empire à la qualité de son protocole, Adolphe Thiers, premier président de la IIIe République, nomme chef du Protocole le dernier directeur du Protocole de Napoléon III, Félix-Sébastien Feuillet de Conches, qui sera confirmé dans ses fonctions par le maréchal de Mac Mahon. Après lui, Joseph Mollard, puis son fils Armand, dirigèrent le Protocole pendant vingt-quatre ans.

En France, la place de chef du Protocole dans l'État n'a plus changé après 1871. Elle a toujours été confiée à un diplomate, tant elle est associée à la mise en œuvre quotidienne de notre politique étrangère. Le chef du Protocole est le même pour le président de la République, le Premier ministre et le gouvernement. Au nom de la séparation des pouvoirs, l'Assemblée nationale et le Sénat ont leurs propres services du Protocole. Lorsqu'un chef d'État est reçu à l'hôtel de Lassay ou au Petit Luxembourg, le chef du Protocole s'efface.

À l'étranger, le chef du Protocole unique pour l'exécutif n'est pas la règle. Dans de nombreux pays, il y en a deux. L'un directement rattaché au chef de l'État, avec le titre de maréchal de la Cour, même si c'est un civil, lorsqu'il y a un roi ou une reine. L'autre, toujours diplomate, au ministère des Affaires étrangères, pour l'organisation des visites officielles et les relations avec le corps diplomatique. En Espagne et en Italie, lorsque je préparais avec mon équipe un sommet bilatéral, nous avions en face de nous trois chefs du Protocole (chef de la Maison du roi à Madrid, présidence de la République à Rome, présidence du gouvernement ou présidence du Conseil, ministère des Affaires étrangères). À Londres, le Foreign Office a son directeur du Protocole, mais, lorsque je suis allé préparer la visite d'État de Jacques Chirac, tout ce qui concernait directement la reine fut discuté au palais de Buckingham avec le colonel responsable du cérémonial de la Cour, ancien chef de corps d'un régiment prestigieux.

Tous mes homologues n'avaient pas le pouvoir de coordination des services de l'État reconnu depuis l'origine au chef du Protocole français. À Washington, c'est la sécurité présidentielle, le *Secret Service*, qui tient le rôle principal lorsqu'une visite officielle aux États-Unis est organisée. Lorsque je suis allé préparer les visites de François Mitterrand, puis de Jacques Chirac, c'est avec lui que nous traitions pour l'essentiel.

La position du chef du Protocole français est centrale et très privilégiée. C'est une fonction dont le périmètre est clair et respecté. Lorsque le chef du cabinet du président de la République, un préfet, tenta de mettre la main sur le Protocole, au début du septennat de Valéry Giscard d'Estaing, les choses rentrèrent dans l'ordre assez vite. La transformation récente du Protocole en « direction du Protocole d'État et des événements diplomatiques » (décret du 30 août 2019) rehausse son statut et confirme sa compétence pour l'organisation de grands événements internationaux en France, auxquels participent, à côté des représentants des États, des acteurs de la société civile, comme par exemple le *One Planet Summit* convoqué par le président Emmanuel Macron à la Seine Musicale de Boulogne le 12 décembre 2017. Le directeur du Protocole d'État est l'un des directeurs du ministère des Affaires étrangères, où il a l'essentiel de son équipe, et il dispose d'un petit groupe de collaborateurs installés dans l'aile Ouest de l'Élysée. Ceux-ci travaillent à l'organisation de tous les événements se déroulant à la présidence de la République, à caractère international ou non (invitations, programmes, plans de table).

Parlant de son ami Jacques Dumaine, premier chef du Protocole de la IVe République, François Mauriac écrivit : « À la Libération, il avait reçu la charge accablante du Protocole, de toutes celles qui peuvent échoir à un mortel, la plus fastidieuse, il me semble. » Cette phrase est surprenante, car le chef du Protocole de l'époque, comme l'a raconté Jacques Dumaine dans ses mémoires[1], avait un rythme de travail sans commune mesure avec celui de ses successeurs de la Ve République. Le Président voyageait très peu, car la maîtrise de la politique étrangère incombait au président du Conseil. La cadence des visites officielles en France de chefs d'État et de chefs de gouvernement étrangers, une de temps en temps, n'avait rien à voir avec ce qu'elle est devenue à partir de 1958. La vie de Jacques Dumaine n'était pas stressante. Il se rendait tous les matins à l'Élysée. Avec le directeur de cabinet de Vincent Auriol, il allait prendre un café chez le secrétaire général. Ensuite, si le Président était disponible, le trio poussait la porte de son bureau pour une conversation très détendue sur les sujets du jour. L'après-midi, Jacques Dumaine assistait aux séances de la Chambre des députés. Le soir, il dînait en ville avec des personnalités du Tout-Paris.

Pour reprendre les mots de François Mauriac, je n'ai pas trouvé la fonction « accablante ». Elle exige simplement, comme dans bien d'autres métiers, une attention de tous les instants et d'incessantes vérifications. Le Protocole prend en charge l'organisation pratique, l'autorité n'a pas à s'en soucier et peut se consacrer au fond des sujets. Pour le chef de l'État, ou le Premier ministre, ou le ministre des Affaires étrangères, et ceux qui les accompagnent, le chef

1. Jacques Dumaine, *Quai d'Orsay, 1945-1951*, Julliard, 1955.

ou le directeur du Protocole est celui qui précède, indique le chemin, rappelle ce qui va se passer. Un bon Protocole rassure. Un Protocole approximatif inquiète. Au Protocole, toute erreur se voit instantanément, parfois en direct à la télévision, alors que l'image est essentielle pour tous les responsables politiques[1]. Un horaire mal retranscrit dans un programme officiel, l'oubli d'un invité à un repas, ou simplement une valise égarée dans un voyage officiel peuvent avoir de très fâcheuses conséquences. Bref, le chef du Protocole doit faire le nécessaire, et c'est la seule vraie difficulté de la fonction, pour rester toujours en alerte, ne jamais être fatigué, alors qu'il opère dans un environnement peu favorable de ce point de vue.

La fonction n'est pas davantage « fastidieuse ». Bien au contraire, pour un diplomate français, c'est un poste qui le place au cœur du pouvoir, au plus haut niveau de l'État, là où se construit au fil des jours notre politique étrangère. Le Protocole est là pour que tout se passe bien : les voyages officiels de nos plus hautes autorités ; l'accueil en France des hautes personnalités étrangères ; les grandes cérémonies où chacun doit savoir où est sa place ; la mission en France des diplomates étrangers. Il est, disait le général de Gaulle, « l'ordre de la République[2] ». Pour Jules Cambon, l'un des plus grands ambassadeurs de la IIIe République, et le premier secrétaire général du Quai d'Orsay, « le protocole est une sorte de religion.

1. En témoigne l'impact médiatique de l'incident survenu le 6 avril 2021 lors de l'audience accordée par le président Erdogan au président du Conseil européen Charles Michel et à la présidente de la Commision, Ursula von der Leyen. Incident qui aurait pu être évité si le nécessaire travail de déminage avait été fait.

2. Pierre-Henri Guignard et Jean-Paul Pancracio, *Protocole & Cérémonial*, Pedone, 2012.

Elle a ses pratiques et ses mystères. S'il se trouve des personnes qui ont pour eux une sorte de respect dévotieux, d'autres les tournent en ridicule. Les unes et les autres ont tort. C'est le propre des usages que, tout en les critiquant, on doit s'y soumettre. Tout n'est pas dénué de sens dans ces frivolités solennelles[1] ».

Le protocole est fait de quelques règles, très peu, et surtout de bon sens.

Deux textes constituent pour le Protocole les tables de la loi : le décret sur les préséances, pour les autorités françaises[2], et la convention de Vienne de 1961, pour les ambassadeurs.

La question des préséances diplomatiques avait été un casse-tête sous l'Ancien Régime. En 1504, le pape Jules II avait décrété qu'il avait préséance sur tous les autres chefs d'État, et fixé d'autorité l'ordre selon lequel ceux-ci seraient classés. Dans l'Europe chrétienne en tout cas, ce statut autoproclamé était accepté. Au motif que Charlemagne, en 800, avait été couronné par le pape, l'empereur du Saint Empire romain germanique venait juste après le souverain pontife, puis le roi de France, puis le roi d'Espagne. Mais l'ordre protocolaire pontifical était contesté, et les conflits de préséance étaient fréquents. L'ouverture des séances du Congrès de Westphalie fut retardée à maintes reprises, car il n'y avait pas d'accord sur l'ordre dans lequel entreraient les chefs de délégation dans le salon de la négociation. Deux princes allemands voulurent pénétrer en même temps dans la salle des

1. Jules Cambon, *Le Diplomate*, Hachette, 1926.
2. Décret n° 89-655 du 13 septembre 1989 relatif aux cérémonies publiques, préséances, honneurs civils et militaires, modifié à plusieurs reprises pour prendre en compte la création de nouvelles institutions, autorités de contrôle indépendantes notamment.

négociations. Il fallut casser un mur pour ouvrir une deuxième porte. Les rois de France n'admettaient pas de passer après l'empereur du Saint Empire. Entre ambassadeurs de France et d'Espagne, les rivalités protocolaires pouvaient tourner à la foire d'empoigne. À Londres, au XVIIIe siècle, il y eut un jour une course de vitesse entre leurs deux carrosses, chacun voulant arriver le premier au palais de Buckingham pour une audience du roi. Leurs gardes respectifs s'entre-tuèrent.

Soldant les guerres napoléoniennes, le Congrès de Vienne remodela la carte de l'Europe selon le principe de l'équilibre entre puissances. Réunissant cinq cents diplomates pendant neuf mois, il décida de régler une fois pour toutes la question des préséances. L'annexe XVII de l'acte final du Congrès fixe une règle simple : « Pour prévenir les embarras qui se sont souvent présentés, et qui pourraient naître encore, des prétentions de préséance entre les différents agents diplomatiques, les liens de parenté ou d'alliance entre familles ne donnent aucun rang à leurs employés respectifs. Il en est de même des alliances politiques. Les employés diplomatiques prendront rang d'après la date de la notification officielle de leur arrivée. »

Tirant les conséquences protocolaires du principe d'égalité souveraine entre États-membres de l'ONU proclamé par la Charte des Nations unies, la convention de Vienne de 1961 sur les relations diplomatiques a repris la règle de 1815, en lui conférant un caractère universel. Les ambassadeurs prennent rang selon la date de leur arrivée, laquelle détermine l'ordre des remises de lettres de créance. Jules Cambon écrit : « Ce que les ambassadeurs représentent est plus élevé qu'eux-mêmes. Le protocole impose égards réciproques à tous les États. Quelle que soit leur taille, il ne connaît ni peuples victorieux, ni peuples vaincus. »

Avant de prendre mes fonctions, je rends visite à l'un de mes grands anciens, Jacques Senard, qui a été le chef du Protocole de Georges Pompidou. Il avait été très apprécié des chefs d'État reçus en France, et la reine Elizabeth II avait même accepté de venir prendre le thé dans sa résidence de Provence. J'ai beaucoup de respect pour lui. Il est un modèle de sang-froid et de dignité. Ambassadeur aux Pays-Bas en 1974, il a été retenu en otage dans son bureau, avec huit collaborateurs, par un commando de l'Armée rouge japonaise proche des éléments les plus radicaux de la résistance palestinienne, qui demandait la libération d'un terroriste japonais détenu en France. Les négociations conduites par le gouvernement néerlandais avec le commando, et entre Paris et La Haye, avaient été très difficiles, et la prise d'otages s'était prolongée cinq jours, dont soixante heures sans boire ni manger. L'ambassadeur refusa de sortir les mains en l'air, sachant que son exigence retarderait sa libération. Le président Giscard d'Estaing le récompensa par une nomination à Rome, au palais Farnèse, mais il n'y resta que quelques mois et dut laisser la place à Gilles Martinet, proche de François Mitterrand[1].

Je viens solliciter ses conseils, et j'attends de lui une série de recommandations. Sa réponse tient en trois mots : « Ne courez jamais. » Et, en effet, je m'en apercevrai vite, si le chef du Protocole hâte le pas trop vivement, il donne l'impression que quelque chose ne va pas dans

1. François Hollande réparera cette mauvaise manière en élevant Jacques Senard à la dignité de grand officier de la Légion d'honneur, alors qu'il allait avoir cent ans.

l'organisation de l'événement, de rattraper une bévue, et tout le monde autour de lui essaie de deviner laquelle. Le chef du Protocole doit conserver en toutes circonstances un calme qui rassurera, ce qui est parfois plus facile à dire qu'à faire. Plus les hautes personnalités à gérer sont nombreuses, par exemple dans un sommet bilatéral ou un grand événement international avec plusieurs chefs d'État et de gouvernement, plus le chef du Protocole est pour tous un point de repère.

L'Élysée

Le 7 avril 1993, le palais de l'Élysée est devenu, pour quatre ans, l'un de mes deux lieux de travail. Au Quai d'Orsay, où j'occupe le grand bureau d'angle du premier étage, au-dessus de l'entrée, toujours le même depuis le Second Empire[1], j'ai l'essentiel de mon équipe (cérémonial, sous-directions des immunités diplomatiques et des immunités consulaires ; bureau des distinctions honorifiques), je reçois les ambassadeurs étrangers et j'assiste chaque semaine à la réunion des directeurs que préside le secrétaire général du ministère, Bertrand Dufourcq, ce qui me permet de conserver un lien étroit avec les directeurs géographiques ou fonctionnels, et de rester bien au fait des grands sujets de notre politique étrangère. Plusieurs fois par semaine, je me rends, comme nous disons, « au palais », pour des audiences présidentielles, des repas officiels, et pour planifier notre activité avec mes collaborateurs de la cellule du Protocole de l'Élysée.

1. Avec notamment, parfaitement conservée dans sa bibliothèque, une collection complète de l'*Almanach de Gotha*, qui permettait à nos représentants accrédités auprès des monarchies européennes de tout savoir sur les familles régnantes.

Depuis Louis XV, la diplomatie est étroitement associée à l'histoire de l'Élysée. La marquise de Pompadour, qui avait acheté cet hôtel particulier au comte d'Évreux[1], le lègue au roi, qui décide d'en faire, non pas sa résidence, mais un palais pour héberger les hautes personnalités étrangères de passage à Paris, et les nouveaux ambassadeurs s'ils n'ont pas encore de résidence. Napoléon Ier s'installe à l'Élysée en 1812, jusqu'à son abdication en 1815, qu'il signe au salon d'Argent. Le palais est occupé un temps par le tsar Alexandre Ier, puis par le duc de Wellington, ambassadeur de Grande-Bretagne en France pendant un an (1814-1815), juste avant de reprendre les armes contre Napoléon et de le vaincre à Waterloo. Sous Louis XVIII, Charles X et Louis-Philippe, le roi réside aux Tuileries. L'Élysée est mis en veilleuse, puis, après rénovation, retrouve sa fonction d'hébergement des souverains et princes étrangers. En 1848, l'Assemblée nationale décide que « l'Élysée-National » sera la résidence du président de la République. Devenu empereur, Napoléon III s'installe aux Tuileries et fait restaurer l'Élysée pour l'Exposition universelle de 1867, visitée par plusieurs chefs d'État, dont le tsar Alexandre II, l'empereur d'Autriche François-Joseph et le sultan de Turquie Abdul Aziz.

Contrairement aux Tuileries et à l'Hôtel de Ville, l'Élysée n'est pas incendié par la Commune. Napoléon III fait construire le salon qui porte son nom. Jules Grévy ajoute le salon d'Hiver, très utilisé pour les réceptions et même certaines rencontres internationales. Sadi Carnot voulut marquer l'Exposition universelle de 1889 et le Centenaire de la Révolution par l'adjonction d'une salle des Fêtes,

---

1. La construction du palais de l'Élysée commence en 1718 et se termine en 1722.

où se tiennent les dîners d'État et les grandes réceptions. Le général de Gaulle, par souci d'économie et de respect du patrimoine, ne change rien. Pour apporter une touche d'art moderne, Georges Pompidou commande au designer Pierre Paulin le mobilier d'une salle à manger privée. Paulin concevra plus tard, pour le salon Doré, bureau de François Mitterrand, un mobilier très élégant. Au moment de son départ, le Président fit remettre en place, pour Jacques Chirac, le bureau qui avait été celui du général de Gaulle. Arman réalisa pour le vestibule d'honneur, à l'occasion du Bicentenaire de la Révolution, une sculpture faite de deux cents drapeaux de marbre blanc et de hampes de bronze doré.

La décoration du palais est élégante, mais sans ostentation. « Le déterminisme de l'Histoire, écrit le général de Gaulle, m'a installé dans ce palais, dont j'apprécie la grâce quelque peu désuète… Du vieil Élysée, la République nouvelle va donc tirer, quant à son fonctionnement et à sa réputation, le meilleur parti possible… La résidence du président est naturellement le cadre de continuelles visites, invitations et cérémonies. Comme tout compte, s'il s'agit du prestige de l'État, je tiens pour important qu'à cet égard les choses se passent avec ampleur et mesure, bonne grâce et dignité. Le chef du Protocole, Ludovic Chancel, puis Pierre Siraud, s'y emploie efficacement[1]. »

Les repas officiels ont lieu dans les salons du rez-de-chaussée : salon Murat, qui sert au Conseil des ministres ; salon des Aides de camp ; salon des Ambassadeurs ; salon Pompadour et, pour les repas en format restreint, un très élégant salon décoré des portraits des grands souverains

1. Charles de Gaulle, *Mémoires d'espoir*, t. I, *Le Renouveau*, Plon, 1970.

européens contemporains de Napoléon III : le pape Pie IX, la reine Victoria, l'empereur François-Joseph, le tsar Nicolas Ier, le roi Frédéric-Guillaume IV, le roi Victor-Emmanuel II. Tous très lumineux, ces salons donnent sur le parc. Les conversations qui précèdent les repas ont lieu dans le bureau présidentiel, au premier étage.

Je me mets au travail dès le premier jour avec mon équipe de la cellule du Protocole de l'Élysée, que dirige très efficacement Antoine Sivan. Le conseiller diplomatique, Jean Vidal, m'informe en temps réel des audiences et des projets de voyages du Président. Béatrice Marre, chef de cabinet, est une collaboratrice de longue date de François Mitterrand. Je préparerai avec elle toutes les rencontres internationales se déroulant en France, pour lesquelles nous soumettrons au Président des notes cosignées.

L'intendant du palais, Camille Davaine, puis Patrick Morlot, tous deux officiers de marine comme c'est la tradition depuis le général de Gaulle, supervise la mise en place des audiences et l'organisation de tous les repas, officiels ou privés, que préparent Joël Normand et sa brigade.

Indépendamment des conseillers du Président, qui servent au secrétariat général ou au cabinet, de très nombreux corps de métiers s'affairent au palais : maîtres d'hôtel, cuisiniers, sommelier, argentiers, lingères, fleuristes, jardiniers pour fleurir en permanence tous les salons. Mais aussi les artisans qui assurent l'entretien du palais. Les garçons et jeunes filles de vestibule, en livrée rouge et bleue, sont à l'accueil des invités. Chacun de ces agents, recruté parce qu'il est excellent dans sa spécialité, est très fier de servir, selon l'expression de René Coty accueillant le général de Gaulle, « le premier en France ».

La Garde républicaine est très présente à l'Élysée. Elle assure la sécurité intérieure du palais[1]. Dans le personnel, les gardes sont nombreux, soit en uniforme, soit en civil lorsqu'ils prolongent leur service par une seconde carrière au palais dans un nouvel emploi. Quand je prends mes fonctions, c'est le cas des quatre huissiers : Courtin, Bourdial, Dubourg, Vigneron. Ils assurent une permanence dans le vestibule d'honneur et à l'étage du Président. Ils le précèdent dans ses déplacements à l'intérieur du palais, ouvrant devant lui les doubles portes. Leur démarche est lente et solennelle, leur calme est rassurant. Ils servent depuis des années et sont, avec la discrétion requise, la mémoire de la maison. Partie intégrante de la gendarmerie nationale, la Garde républicaine a succédé aux différents corps qui ont assuré, depuis les rois francs, les honneurs et la protection des plus hautes autorités de l'État : guet royal, garde de Paris, gendarmerie nationale parisienne, garde nationale, garde municipale de Paris, gendarmerie impériale. Puis gendarmerie royale de Paris, garde républicaine de Paris, créée en 1848 par Louis-Napoléon Bonaparte qui l'intègre l'année suivante à la gendarmerie nationale. Enfin, en 1978, Garde républicaine. Le premier de ses deux régiments d'infanterie (900 hommes) est responsable de la sécurité des résidences présidentielles (Élysée, Rambouillet, Brégançon, pavillon de la Lanterne). Le 2e régiment d'infanterie assure sécurité et honneurs à l'hôtel de Matignon, à l'hôtel de Lassay, résidence du président de l'Assemblée nationale, au Petit Luxembourg, résidence du président du Sénat, et dans certains ministères dont le Quai d'Orsay.

1. La sécurité extérieure du palais est de la responsabilité de la préfecture de police.

La Garde est très sollicitée pour l'accueil des chefs d'État et des Premiers ministres étrangers. Elle leur rend les honneurs militaires à leur arrivée au pavillon d'honneur d'Orly ou de Roissy, puis de nouveau à leur départ, et la musique de la Garde interprète leur hymne national avant *La Marseillaise*. Elle est présente d'un bout à l'autre de leur visite et marque un trait d'union entre les institutions. De ce point de vue, elle n'a guère d'équivalents à l'étranger. Elle mobilise ses deux régiments d'infanterie, son escadron motocycliste et, en cas de visite d'État, la grande escorte de son régiment de cavalerie, dernière unité à cheval de l'armée française. Dans les autres pays, il y a toujours une unité de prestige pour assurer la sécurité du palais présidentiel ou de la résidence royale, très haute en couleur par exemple à Londres, Rabat ou Dakar ; et il y en a d'autres, de l'armée ou de la police, pour les différentes étapes de la visite officielle.

La classification des visites de chefs d'État est la même dans tous les pays : visites d'État, visites officielles, visites de travail, visites privées. La qualification d'une visite est une décision politique, prise par accord entre le chef de l'État qui reçoit et son invité. La visite d'État est celle qui a le plus grand éclat et déploie le protocole maximum. Le président de la République accueille lui-même son hôte au pavillon d'honneur de Roissy ou d'Orly. Après un trajet en voiture ou en hélicoptère jusqu'à l'esplanade des Invalides, le cortège des deux chefs d'État est escorté par les chevaux du régiment de cavalerie de la Garde républicaine jusqu'à la résidence de Marigny, toute proche de l'Élysée, que Georges Pompidou avait fait acquérir par l'État, précisément pour l'hébergement des chefs d'État en visite d'État. L'avenue des Champs-Élysées, que notre invité remontera pour déposer une gerbe et raviver la Flamme à l'Arc de triomphe, est pavoisée aux couleurs de son pays.

Entre 1993 et 1997, le programme de la visite d'État comporte toujours un grand dîner d'État dans la salle des Fêtes de l'Élysée, parfois aussi un déjeuner officiel plus restreint. Le Premier ministre offre un déjeuner ou un dîner à Matignon. Il y a en général une réception au Sénat, une autre à l'Assemblée nationale et une troisième à l'Hôtel de Ville. René Monory, Philippe Séguin et Jacques Chirac, maire de Paris jusqu'en 1995, ont à cœur de bien recevoir les chefs d'État et de gouvernement. Philippe Séguin les invite même parfois à prendre la parole devant les députés. Dans un français parfait, le roi Juan Carlos[1] est le premier chef d'État étranger à le faire depuis Woodrow Wilson en 1919. Bill Clinton s'adressera aux députés le 7 juin 1994, devant un hémicycle comble. La visite d'État peut être complétée par une rencontre avec les chefs d'entreprise intéressés par le pays, au siège du Conseil national du patronat français, qui précédait le Medef, ou à la Chambre de commerce et d'industrie de Paris ; ou bien par une cérémonie de remise de doctorat *honoris causa* à la Sorbonne. Un déplacement en province est proposé à nos hôtes.

Le programme d'une visite officielle est plus simple : accueil à l'aéroport par un ministre, pas de chevaux mais escorte motocycliste, déjeuner ou dîner officiel à l'Élysée mais en format plus réduit, pavoisement des principaux bâtiments publics, mais pas des Champs-Élysées, audience à Matignon. Le protocole des visites de travail est encore plus réduit. Les visites privées mobilisent elles aussi le

1. 7 octobre 1993.

Protocole : saisi par l'ambassade du pays, il fait ouvrir les salons d'honneur d'Orly ou de Roissy (et Aéroports de Paris leur facture cette prestation) et assure la liaison avec le ministère de l'Intérieur pour la sécurité. Il peut très bien y avoir, dans une visite privée, une audience du président de la République.

Dans la cour d'honneur de l'Élysée, le rituel est immuable. Les gardes républicains, venant en autocar de la caserne de Nanterre, prennent place quinze minutes avant l'arrivée du chef d'État ou du chef de gouvernement. Leur marche cadencée sur le gravier, le roulement des tambours indiquent qu'un très haut dignitaire étranger va arriver. Le commandant militaire inspecte le détachement. Tout doit être impeccablement ajusté, plumet du shako, aiguillettes, fourragères.

Quand nous savons que le Président est prêt, les agents du Service de protection des hautes personnalités (SPHP) reçoivent dans leurs oreillettes le message attendu : « Rami 1 à Rami 6. Vega en place. Débloquez le cortège[1]. » Le grand portail du porche peut donc s'ouvrir, et la voiture du visiteur pénétrer dans la cour d'honneur. Si nous recevons un chef d'État, le président Mitterrand vient l'accueillir lui-même en haut du perron d'honneur, le grand tapis rouge est déroulé sur toute la longueur de la cour d'honneur, les honneurs sont rendus par trois sections de la Garde républicaine et par la batterie-fanfare. Un piquet de cavaliers, en tenue d'apparat avec sabre, est disposé en V de part et d'autre du perron. Si c'est un chef de gouvernement, il y a une section au lieu de trois, le tapis rouge est plus court, et il est salué à

---

1. Dans le vocabulaire du SPHP, à l'époque, le Président est « Vega », et le Premier ministre « Mérovée » ou « Papa Mike ».

son arrivée par Hubert Védrine. Le Président l'accueille sur le palier du premier étage.

En novembre 1994, à la veille de la visite officielle de Benazir Bhutto, Premier ministre du Pakistan, son ambassadeur à Paris, Saidullah Khan Dehlavi, me téléphone, très inquiet. Il me demande de faire savoir d'urgence à toutes les personnalités qui accueilleront Mme Bhutto pendant son séjour en France qu'elles doivent impérativement s'abstenir de lui serrer la main. La télévision pakistanaise suivra la visite de bout en bout, et les milieux islamistes d'Islamabad seront prompts à dénoncer tout écart de conduite de la part de ce chef de gouvernement qu'ils jugent beaucoup trop réformatrice et proche de l'Occident. Juste avant de présenter Mme Bhutto au président de la République, je lui fais part du message de l'ambassadeur, le plus discrètement possible. « Je sais, me répond-il, vous êtes le troisième à me le dire ! » L'enjeu était important, l'ambassadeur avait multiplié les précautions !

François Mitterrand

François Mitterrand m'avait convoqué avant mon départ pour Québec, en avril 1987. Il ne recevait pratiquement jamais les ambassadeurs, encore moins les consuls généraux. Certes, deux voyages présidentiels étaient prévus à Québec dans le courant de l'année : l'un en mai, dans le cadre d'une visite d'État au Canada, l'autre en septembre, pour le sommet de la Francophonie, avec le Premier ministre Jacques Chirac. Mais ce n'est pas pour cela qu'il m'avait demandé de venir le voir. Certains de mes prédécesseurs à Québec avaient épousé la cause souverainiste, que partageaient à Paris plusieurs responsables du Parti socialiste, comme Michel Rocard, et certaines personnalités gaullistes, dont Philippe Séguin. Le Président n'était pas du tout sur cette ligne. C'est pourquoi il tenait à me donner lui-même ses instructions et à m'exposer sa conception des relations France-Canada-Québec.

Il respectait la relation « directe et privilégiée » avec le Québec, mais il attachait une grande importance au rôle international du Canada, élément d'équilibre entre l'Ouest et l'Est, et partenaire essentiel avec lequel la France se devait d'entretenir une relation forte. Il marquait une différence entre sa « bonne relation » avec le Premier ministre du Québec Robert Bourassa et sa « relation amicale » avec le Premier ministre du Canada Brian Mulroney. Il me demandait d'en tenir compte quand je préparerais ses deux visites, et proposerais des projets pour ses discours. L'audience avait duré trois minutes, j'étais resté debout, mais le message était clair.

La première visite de François Mitterrand à Québec fut une étape chaleureuse dans un voyage qui le conduisit à Ottawa, Montréal, et en Saskatchewan, province d'origine de la gouverneure générale du Canada, Jeanne Sauvé. Il commença sa visite au Québec par Gaspé, à l'embouchure du Saint-Laurent, là où Jacques Cartier avait débarqué en 1534.

Lorsque le Président revint à Québec en septembre avec Jacques Chirac, la cohabitation, une première dans l'histoire de la Ve République, était tendue en raison de la volonté du Premier ministre – qui préparait sa candidature à l'élection présidentielle de 1988 contre François Mitterrand – de jouer tout son rôle sur la scène internationale. Le jour où les organisateurs canadiens du sommet avaient réservé un repas de midi libre pour les chefs d'État et de gouvernement, chacun avait déjeuné de son côté. Le Président avait choisi la résidence du consul général, pour un déjeuner restreint avec ses proches collaborateurs et ses invités personnels. Il m'avait fait demander par l'intendant de l'Élysée de commander à mon cuisinier une recette gaspésienne qu'il avait découverte lors de sa visite d'État en mai : des langues de morue à l'anis. De son côté, le Premier ministre avait emmené, dans un restaurant tout proche, le ministre des Affaires étrangères, Jean-Bernard Raimond, notre ambassadeur à Ottawa, Philippe Husson, et les hauts fonctionnaires de sa délégation, à commencer par son conseiller diplomatique, François Bujon de l'Estang, qui sera nommé par la suite ambassadeur au Canada, et sous l'autorité duquel je servirai la deuxième année de ma mission au Québec.

À l'issue du déjeuner à la résidence consulaire de l'avenue des Braves, j'avais demandé au Président s'il accepterait de me dédicacer son dernier livre[1], et j'avais eu un nouvel et bref échange avec lui. François Mitterrand avait un ami avocat très proche qui s'appelait Jouanneau. Quand mon nom lui fut proposé pour le Protocole, il demanda : « Jouanneau, c'est bien Jouanneau-Québec ? »

Avant de prendre mes fonctions de 41e introducteur des ambassadeurs depuis les Valois, mon prédécesseur me propose de faire partie de la délégation qui accompagnera le Président à Washington, où il est invité par Bill Clinton, élu deux mois auparavant. C'est un aller-retour en Concorde dans la journée, avec juste un entretien puis un déjeuner à la Maison Blanche. Je n'ai pas eu à préparer ce déplacement, et je suis là comme observateur. Dans l'avion du retour, François Mitterrand vient saluer les uns et les autres. « Vous allez exercer un métier difficile, très difficile même », me dit-il. Cela me rassure : j'en déduis que, si je commets le moindre impair, le Président le jugera avec bienveillance. Quelques semaines plus tard, me remettant dans la salle des Fêtes de l'Élysée les insignes de chevalier de la Légion d'honneur, le Président parle du métier de chef du Protocole : « Étrange profession, ne répondant à aucun critère, où il faut tout faire, les choses les plus humbles, à la limite déplacer des chaises ou pousser un fauteuil, faire préparer un repas, mais aussi les plus importantes, comme préparer une conférence

1. *Réflexions sur la politique extérieure de la France* (Fayard, 1986).

internationale ou recevoir les chefs d'État qui viennent nous voir. Vous êtes au service du président de la République et du gouvernement. »

Comme pour mes prédécesseurs, le mode de communication avec le Président est très simple. Mes propositions de programme pour un voyage à l'étranger font l'objet d'une « note pour le président de la République » qui, sans passer par le cabinet du ministre des Affaires étrangères, transite par le conseiller diplomatique, Jean Vidal, puis par le secrétaire général, Hubert Védrine. Tout cela va très vite. La note me revient, souvent dès le lendemain, avec, en général, un simple « Vu, FM », à l'encre bleue, qui est à interpréter comme un accord, complété le cas échéant par des directives précises. Même si la note pose des questions très directes (« Cette proposition recueille-t-elle votre agrément ? » ou bien « Êtes-vous d'accord ? »), je dois me contenter, pour toute réponse, du « Vu, FM » et je vais de l'avant.

Quand je suis à l'Élysée pour une audience ou un repas officiel, mon rôle est de vérifier que tout se passe comme prévu, de rappeler discrètement au Président les contraintes du programme. « Monsieur le Président, c'est le moment de se diriger vers le déjeuner », ou bien « Monsieur le Président, je vous précède », phrase fétiche de tout chef du Protocole, à laquelle François Mitterrand me rétorqua un jour : « Et si je vous disais non ? »

Dans les déplacements présidentiels à l'étranger, le chef du Protocole est toujours dans l'entourage immédiat du Président, avec ses plus proches collaborateurs : entre 1993 et 1995, Hubert Védrine, le général Quesnot, chef de son état-major particulier, Anne Lauvergeon, secrétaire générale adjointe, Jean Vidal ou son adjoint Jean Lévy. Dans le Falcon 900, nous sommes douze en tout. Le Président prend place au fond de la cabine, où il dispose d'une petite table. Après avoir parcouru la presse française du jour, lu attentivement *Le Parisien*, il corrige ses discours avec son stylo Waterman, dont le capuchon est orné de son emblème personnel, un arbre à gros tronc dont le feuillage entrecroise branches de chêne et d'olivier, symbolisant le nord et le sud de la France. Ses textes sont retapés dans l'avion par l'une de ses quatre secrétaires particulières et, à l'arrivée, il faut faire vite pour les polycopier à l'ambassade et les distribuer à la presse. Souvent, au moment où il le prononcera, le Président ajoutera des développements improvisés. Parfois, il s'en écartera complètement. Il rejoint ses conseillers pour le déjeuner, puis retourne lire l'ouvrage que l'aide de camp sort de sa mallette.

Lorsque le Président est plongé dans un livre, il est déconseillé de le déranger. Un jour, il se rend en Suisse, pour un déjeuner à Interlaken avec les sept conseillers fédéraux, à l'invitation du président en exercice de la Confédération, Adolf Ogi, élu du canton. Les Suisses le reçoivent avec simplicité (pas de cérémonie particulière à l'aéroport de Berne, pas d'honneurs militaires), mais non sans attentions : deux chasseurs de leur armée de l'air viennent escorter le Falcon 900 présidentiel lorsqu'il pénètre dans l'espace aérien helvétique. C'est un geste protocolaire inhabituel. Les avions sont tout près de nous, et on distingue nettement le profil des pilotes. Quand je signale au Président cette marque de courtoisie de nos hôtes, il est en pleine lecture, il ne lève même pas les yeux : « Très bien » est son seul commentaire.

J'ai été le témoin des derniers mois à l'Élysée du Président souffrant, s'interrogeant et questionnant les autres sur le mystère de la mort[1]. Lors d'un voyage, il lit

1. Cf. Marie de Hennezel, *Croire aux forces de l'esprit*, Fayard, 2016.

une histoire des religions de l'Inde et m'appelle au fond du Falcon 900 pour me demander comment je me représente le passage de la vie à la mort, « l'instant précis du basculement ».

La maladie du Président est du domaine public. Lorsque la mission préparatoire se rend à l'étranger, mes homologues me demandent discrètement de ses nouvelles. Son courage force l'admiration. Sa capacité physique à surmonter ses souffrances, dont il nous parle sans détours, est impressionnante.

Le 30 septembre 1993, le Président fait un aller-retour à Stockholm dans la journée, pour inaugurer avec le roi Charles XVI Gustave et la reine Silvia une grande rétrospective qui sera ensuite présentée à Paris, « Le soleil et l'étoile du Nord ». La Suède ouvre pour la première fois au public la collection d'œuvres françaises, toiles de maîtres, bijoux, meubles, acquise pour le roi Gustave III (1746-1792) par ses ambassadeurs à Paris, à une époque où la cour de Suède connaissait très bien la culture et la langue françaises.

En fin d'après-midi, lorsque le Président s'installe pour un moment de repos dans l'appartement Bernadotte du palais royal, il a un coup de fatigue. Il me reproche assez vivement de lui avoir soumis un programme qui le fait rentrer trop tard à Paris, dit-il, mais que pourtant il a bien validé. « Avec les Suédois, vous avez été diplomate, hein ! » Dans sa bouche, à ce moment précis, « diplomate » n'est pas flatteur. « Vous voyez à quelle heure vous me faites dîner, hein ? Je ne suis pas un chien, un chien qu'on pousse ! » et il fait mine de pousser devant lui un chien en bois à roulettes, comme il en a peut-être eu dans son enfance. Il me demande de faire en sorte que l'heure du dîner officiel offert par le Premier ministre Carl Bildt soit avancée de trente minutes, pour pouvoir regagner Villacoublay avant minuit. Ma collègue suédoise, qui avait beaucoup facilité le travail de la mission préparatoire, réorganise les choses rondement. Lorsque vient le moment du dîner, auquel sont conviées une centaine de personnalités suédoises, le Président est tout ragaillardi. Ma collègue a veillé à ce qu'il soit entouré d'invitées suédoises plus charmantes les unes que les autres. Le Président est ravi, et c'est de son fait que la soirée se prolonge beaucoup plus que prévu, et que nous regagnons Villacoublay très tard dans la nuit. Dans le Falcon 900 du retour, il nous fait un cours érudit, à une heure du matin, sur l'histoire de la monarchie Bernadotte.

Un autre exemple de sa faculté spectaculaire de rétablissement est son arrivée en Corée, pour sa visite d'État de septembre 1993. Le président Kim Young-sam l'accueille dans les jardins de la Maison Bleue, le palais présidentiel. Il fait très chaud et très lourd, et nous avons tous plus ou moins bien dormi dans l'avion. Alors que le Président répond à l'allocution de bienvenue de son hôte, il a soudain un malaise, saute plusieurs pages et improvise sa conclusion. Tout le monde s'en aperçoit. L'aide de camp, Yann Tainguy, lui saisit aussitôt le bras, l'emmène à l'intérieur de la Maison Bleue, lui fait traverser le hall aussi vite que possible parmi de nombreux officiels et journalistes. Livide, le Président ne se sent vraiment pas bien et s'isole pour un moment dans une pièce discrète. Il réapparaît une demi-heure plus tard, toujours pâle mais en meilleure forme, et participe, comme si rien ne s'était passé, à l'entretien et à la séance de travail élargie prévus avec son homologue coréen. Au dîner d'État, à l'issue duquel il prononce un toast très chaleureux pour ses hôtes, il impressionne par son allant.

À Essen, après le dîner officiel du Conseil européen des 24 au 25 juin 1994, je raccompagne le Président dans la résidence que les autorités de Rhénanie-Westphalie ont mise à sa disposition à une dizaine de kilomètres. La route monte et serpente à travers la forêt. Dans la Mercedes où le lieutenant-colonel Laure et moi avons pris place, je suis assis à l'arrière, à côté du Président. Il est soudain en proie à de graves nausées. Il demande au chauffeur d'accélérer pour arriver le plus vite possible. Il ne va pas mieux, au contraire. Nous faisons arrêter la voiture en rase campagne. Le Dr Kalfon est dans l'autre véhicule. Il fait le nécessaire pour que le Président supporte la fin du voyage. Le lendemain, le Président participe à la reprise des travaux du Conseil européen. Nous avons pris la précaution d'installer l'aide de camp dans une des cabines d'interprétation, pour être au plus près du Président en cas de besoin. C'est un sommet européen important, le dernier pour François Mitterrand mais aussi pour Jacques Delors, qui termine son mandat de dix ans à la présidence de la Commission. C'est le premier à se tenir en présence des Premiers ministres des six États d'Europe centrale et orientale candidats à l'adhésion. Le Président intervient à plusieurs reprises. Il prend la parole pendant vingt minutes en improvisant complètement à partir de trois mots : Europe, paix, liberté. Ses collègues l'applaudissent longuement.

Ensuite, lors de la conférence de presse conjointe avec Édouard Balladur, il expose longuement, avec pédagogie, les défis de l'élargissement futur de l'Union, inéluctable, mais imposant une réflexion sur une Europe fonctionnant en cercles concentriques. Il répond avec précision à un journaliste alsacien sur le projet de TGV Est, et avec humour à un autre qui l'interroge, devant M. Balladur, sur les chances de Jacques Delors d'être candidat à l'élection présidentielle (« Nous n'en avons pas parlé au Conseil européen et M. le Premier ministre a été particulièrement discret »).

Au fil des années, François Mitterrand est devenu l'un des plus anciens chefs d'État élus démocratiquement. En Europe, il est leur doyen. Aussi est-il accueilli à l'étranger avec déférence. Ses messages sont attendus. Ceux de ses derniers voyages officiels plus encore que les autres. Ils sont écoutés, je m'en souviens très bien, dans un silence impressionnant. La diction de François Mitterrand est lente et très claire, ce qui facilite le travail des interprètes. Plusieurs autres chefs d'État ou Premiers ministres, qui ont des connaissances en français sans bien le parler, retirent leur casque pour le suivre sans interprétation.

Devant le Parlement européen, à quelques semaines de la fin de son mandat[1] et après avoir longuement présenté le programme d'action de la présidence française de l'Union européenne pour le premier semestre 1995 et le Conseil européen que présidera son succcesseur, le Président termine sur une note plus personnelle. « Il se trouve que les hasards de la vie ont voulu que je naisse pendant la Première Guerre mondiale et que je fasse la Seconde. J'ai donc vécu mon enfance dans l'ambiance de familles déchirées, qui toutes pleuraient des morts, et qui entretenaient une rancune, et parfois une haine contre l'ennemi de la veille. L'ennemi traditionnel ! Mais, mesdames et messieurs, nous en avons changé de siècle en siècle ! Les traditions ont toujours changé. J'ai déjà eu l'occasion de vous dire que la France avait combattu tous

1. 17 janvier 1995.

les pays d'Europe, à l'exception du Danemark, on se demande pourquoi ! Mais ma génération achève son cours, ce sont ses derniers actes, c'est l'un de mes derniers actes publics. Il faut donc absolument transmettre. Vous êtes vous-mêmes nombreux à garder l'enseignement de vos pères, à avoir éprouvé les blessures de vos pays, à avoir connu le chagrin, la douleur des séparations, la présence de la mort, tout simplement par l'inimitié des hommes d'Europe entre eux.

« Il faut transmettre, non pas cette haine, mais au contraire la chance des réconciliations que nous devons, il faut le dire, à ceux qui, dès 1944-1945, eux-mêmes ensanglantés, déchirés dans leur vie personnelle le plus souvent, ont eu l'audace de concevoir ce que pourrait être un avenir plus radieux qui serait fondé sur la réconciliation et sur la paix. C'est ce que nous avons fait. Ce que je vous demande là est presque impossible, car il faut vaincre notre histoire, et pourtant, si on ne la vainc pas, il faut savoir qu'une règle s'imposera, mesdames et messieurs : le nationalisme, c'est la guerre ! La guerre, ce n'est pas seulement le passé, cela peut être notre avenir, et c'est vous, mesdames et messieurs les députés, qui êtes désormais les gardiens de notre paix, de notre sécurité et de cet avenir ! » L'hémicycle bondé se lève pour acclamer longuement le Président. Nous, qui l'accompagnons, éprouvons une grande fierté.

Empreint aussi d'une grande gravité sera l'avant-dernier discours de François Mitterrand à l'étranger pour le 50e anniversaire du 8 mai 1945, auquel l'Allemagne se joint pour la première fois, Helmut Kohl invitant à Berlin, avec le président de la République, Al Gore, John Major et Viktor Tchernomyrdine. « Je ne suis pas venu célébrer la victoire, dont je me suis réjoui pour mon pays en 1945. Je ne suis pas venu souligner la défaite, parce que j'ai su ce qu'il y avait de fort dans le peuple allemand, ses vertus, son courage. C'est pourquoi je veux rendre témoignage aujourd'hui sans arbitrer. Victoire, défaite, victoire pour qui ? défaite pour qui ? Et peu m'importent son uniforme, et même l'idée qui habitait l'esprit de ces soldats qui allaient mourir en si grand nombre. Ils étaient courageux. Dans la solitude d'une prison en Allemagne, j'ai connu des Allemands. C'étaient quelquefois mes gardiens. C'étaient des soldats allemands, chargés de m'empêcher de retrouver ma liberté, et qui n'y sont d'ailleurs pas parvenus. Ils résistaient peut-être sans le savoir parce qu'ils étaient tout simplement des honnêtes gens. L'Europe, nous la faisons, nous aimons nos patries. Restons fidèles à nous-mêmes, relions le passé et le futur, et nous pourrons passer, l'esprit en paix, le témoin à ceux qui vont nous suivre. Merci ! »

Le lendemain 9 mai 1995, François Mitterrand se rend à Moscou. Ce sera son dernier voyage comme président. Je l'ai préparé sur place avec mon collègue Vladimir Chevtchenko, dernier chef du Protocole de l'Union soviétique sous Mikhaïl Gorbatchev, maintenu dans ses fonctions par Boris Eltsine comme premier chef du Protocole de la Fédération de Russie. Il est très compréhensif et me met d'emblée très à l'aise : « Boris Nikolaïevitch m'a demandé de te dire que je devais organiser avec toi le programme de manière à éviter toute fatigue au président Mitterrand. » Notre souhait de le voir dispensé du grand défilé sur la place Rouge, qui sera long et fatiguant à suivre debout, est parfaitement compris. Le programme se limitera à un dépôt de gerbe à la mémoire des pilotes français de l'escadrille Normandie-Niémen. Après un passage par la résidence de notre ambassadeur, où Pierre Morel, qui a été son conseiller diplomatique, et son épouse

Olga lui réservent un accueil attentif et chaleureux, le Président se rend au dîner d'État offert par le président de la Fédération de Russie, qui réunit au palais des Congrès mille invités autour de Bill Clinton, John Major, Jean Chrétien. François Mitterrand, doyen du groupe, prend la parole en dernier. Sans aucune note, pendant quinze minutes, il prononce un hommage à la Russie, son peuple, son héroïsme pendant la « grande guerre patriotique », qui émeut profondément l'assistance. Il salue le rôle des Alliés. Comme à Berlin la veille, il évoque le Troisième Reich. « Je n'ai jamais considéré que les Allemands étaient nos ennemis. Simplement, il fallait se battre, parce que tels sont les systèmes, les régimes, les organisations de société, les idéologies, les déformations de l'esprit. N'allez pas demander cette analyse à chaque soldat, son devoir à lui est simple : il l'accomplit, comme nous l'avons fait. Voilà pourquoi je m'incline ce soir devant les morts. »

Le Président conclut par un dernier testament de politique étrangère : « J'appartiens à la génération qui s'en va, celle de la guerre comme soldat, celle de l'après-guerre comme responsable. Cela s'achève, il y a autre chose à faire. La liberté et la paix ne seront sauvegardées, laissez-moi vous dire ma propre conviction, que par la démocratie, c'est-à-dire que par l'avènement des peuples, de tous les hommes, au choix de leur destin. Si l'on prétend leur imposer une loi intérieure par des groupes d'intérêts, des minorités, ou des intérêts de l'extérieur, par le goût de conquête, nous retomberons dans le drame qu'ont vécu les siècles précédents. Alors, je suis venu saluer la paix, et je vous remercie. » La salle se lève comme un seul homme, et les dignitaires présents lui font à la sortie une véritable haie d'honneur.

La cohabitation de 1993-1995

Nommé par le président de la République sur proposition de Roland Dumas, je prends mes fonctions une semaine après la victoire de la droite aux élections législatives de mars 1993 et la nomination de M. Édouard Balladur comme Premier ministre, dans le contexte d'une seconde cohabitation.

La première (1986-1988), consécutive à l'arrivée à l'Assemblée nationale d'une majorité RPR-UDF, se présentait d'emblée sous des auspices conflictuels puisque, pour la première fois dans l'histoire de la Ve République, non seulement le président de la République et son Premier ministre venaient de bords politiques qui s'étaient durement opposés, mais ils se préparaient à s'affronter à l'élection présidentielle, deux ans plus tard. Cette cohabitation sans précédent avait commencé dans un climat tendu sur le front intérieur, François Mitterrand refusant de signer les ordonnances par lesquelles le gouvernement Chirac entendait réaliser des réformes majeures, à commencer par celle des privatisations. À l'international aussi, c'est une page blanche qui s'est écrite progressivement. Erreurs et errements se sont glissés dans la pratique, quitte à être corrigés au fur et à mesure de l'expérience acquise, d'où, en politique étrangère, une cohabitation nettement plus conflictuelle pendant les six premiers mois que par la suite.

Sans contester la primauté des compétences présidentielles, Jacques Chirac entendait jouer tout son rôle de chef du gouvernement. Maire de Paris, il avait reçu à l'Hôtel de Ville, pendant dix-huit ans, tous les grands dirigeants du monde, entretenu avec eux une relation personnelle et effectué de nombreux déplacements à l'étranger, notamment dans le cadre de l'Association internationale des maires francophones (AIMF), qu'il avait créée en 1979 avec le maire de Québec, Jean Pelletier. Pour sa visite à Washington (29 mars-1er avril 1987), la Maison Blanche lui avait réservé le protocole des visites d'État, avec accueil par Ronald Reagan sur l'Ellipse, et grand dîner d'État, à l'insistance personnelle du président des États-Unis. Six semaines plus tard, Jacques Chirac était reçu au Kremlin avec le tapis rouge, pour des entretiens longs et substantiels avec Mikhaïl Gorbatchev.

En s'installant à Matignon, il avait donc déjà une très bonne connaissance des dossiers de politique étrangère.

Le premier acte public international de cette cohabitation française qui intriguait beaucoup les étrangers, son premier test, vint très vite avec le sommet du G7 à Tokyo (4-6 mai 1986). Alors qu'à la table du Conseil européen chaque pays dispose de deux sièges (chef d'État ou chef de gouvernement et ministre des Affaires étrangères), il n'y en a qu'un au G7. Or, Jacques Chirac entendait participer pleinement au sommet. Il fallut tordre le bras du protocole japonais pour obtenir que la France puisse être représentée par son Président et son Premier ministre. Jacques Chirac ne chercha pas à s'imposer au dîner des chefs d'État, qui marquait l'ouverture du sommet. Il rejoignit Tokyo le lendemain. Il siégea à toutes les séances aux côtés du président de la République. Mais, pour la conférence de presse de clôture, François Mitterrand exigea d'être le seul à prendre la parole, et Jacques Chirac fut placé au pied de la tribune, ce qui donnait l'impression que le Premier ministre avait un statut de subalterne. Le dispositif de Tokyo fut repris l'année suivante pour la participation du Premier ministre au G7 de Venise, avec un changement : Jacques Chirac renonça à sa présence à la conférence de presse.

La participation du Premier ministre aux Conseils européens, deux fois par an, fut réglée très vite. François Mitterrand refusa de demander pour la France un troisième siège. Nous ne devions pas nous donner en spectacle. De ce fait, lorsque le Premier ministre voulait siéger à la table du Conseil, le ministre des Affaires étrangères, Jean-Bernard Raimond, lui cédait sa place. Le Premier ministre participait à la conférence de presse aux côtés du Président, qui lui donnait la parole sur les points de l'ordre du jour ayant un rapport plus direct avec notre politique économique et sociale.

En plein accord avec le Président, Jacques Chirac avait ses propres contacts avec ses homologues européens, à commencer par Helmut Kohl et Margaret Thatcher.

Il y eut des désaccords entre le président de la République et le Premier ministre : sur certaines questions stratégiques (Jacques Chirac était ouvert à l'initiative reaganienne de « guerre des étoiles », le Président étant beaucoup plus réservé) ; sur la loi de programmation militaire ; sur certains dossiers Nord-Sud, Jacques Chirac ne partageant pas le tiers-mondisme parfois militant de la gauche, à l'égard du Nicaragua des sandinistes notamment ; sur les canaux de négociation des libérations d'otages, sujet lourd car très médiatique. Mais sur tout le reste, et d'abord sur les questions européennes, le Président et le Premier ministre n'avaient pas de divergences majeures. Jacques Chirac a voulu rééquilibrer nos relations avec la Grèce et avec la Turquie. Valéry Giscard d'Estaing était proche du président Konstantinos Karamanlis, et François Mitterrand avait de longue date des liens étroits avec le Premier ministre Andrea Papandréou et les dirigeants du PASOK. Jacques Chirac développa notre coopération avec la Turquie de Turgut Özal, Premier ministre et futur président de la République. C'était en accord avec François Mitterrand.

Finalement, après un début auquel sa traduction protocolaire donna un tour très confrontationnel, la première cohabitation n'a pas empêché la France d'avoir entre 1986 et 1988 une seule politique étrangère, et de s'exprimer d'une seule voix.

Édouard Balladur, ministre d'État du gouvernement de Jacques Chirac, et qui avait été secrétaire général de la présidence de la République sous Georges Pompidou, avait eu tout loisir de tirer les leçons des années 1986-1988. Il fut attentif à ne pas répéter certaines erreurs qui avaient desservi le Premier ministre. À l'époque, il avait déconseillé à Jacques Chirac de rechercher le conflit avec le Président. Il lui avait recommandé de ne pas se rendre au G7 de Tokyo. Son tempérament naturellement prudent et réfléchi a fait le reste.

Devenu à son tour chef du gouvernement, il entend établir avec le chef de l'État une relation beaucoup plus harmonieuse. Entre 1993 et 1995, dans l'ensemble, la cohabitation fonctionnera bien en politique étrangère. Hubert Védrine rappelle que François Mitterrand a toujours contesté la notion de « domaine réservé ». « Le Président préservera ses prérogatives, notamment en matière de dissuasion nucléaire[1], mais, pour ce qui est de l'international en général, il s'agit d'un "domaine partagé[2]". » Pour Édouard Balladur, « la pratique mise en œuvre par le général de Gaulle a conféré au président de la République un pouvoir diplomatique et militaire en dernier ressort... J'entendais respecter les pouvoirs propres du Président, notamment en matière institutionnelle et militaire. Le reste, c'est-à-dire l'essentiel de la politique étrangère et de défense, était un domaine partagé, où nous devions être associés pour prendre les décisions ensemble, et ne pas nous surprendre l'un l'autre par des initiatives isolées... Nous ne pouvions rien faire d'important l'un sans l'autre[3]. »

Dès le début de la cohabitation, le Président et le Premier ministre se mettent d'accord sur des méthodes de travail qui vont conduire à une constante concertation entre l'Élysée et Matignon sur la politique étrangère et la politique de défense.

Ils conviennent que M. Balladur siégera aux côtés du Président à la table du Conseil européen. Le Président lui cède de temps à autre sa place, ou demande au ministre des Affaires étrangères, Alain Juppé, de lui laisser la

---

1. « La pièce maîtresse de la stratégie de dissuasion de la France, c'est le chef de l'État, c'est moi » (François Mitterrand, interview à Antenne 2, 16 novembre 1983).
2. Hubert Védrine, *Les Mondes de François Mitterrand*, Fayard, 1996 puis 2016.
3. Édouard Balladur, *Deux ans à Matignon*, Plon, 1995.

sienne. Au sommet franco-africain de Biarritz[1], qui correspond pour le Président à une phase de thérapie douloureuse, le Premier ministre présidera une bonne partie des travaux. M. Balladur participera à tous les sommets bilatéraux, en France comme à l'étranger, mais n'accompagnera pas le Président aux sommets du G7. Un représentant de Matignon fera partie de la délégation officielle du Président dans ses déplacements officiels à l'étranger[2], et vice versa[3].

Très souvent, le Conseil des ministres est immédiatement suivi d'un conseil restreint, qui réunit autour du chef de l'État le Premier ministre, le ministre des Affaires étrangères, le ministre de la Défense, François Léotard, d'autres ministres si nécessaire, et les hauts fonctionnaires responsables. Le conseil restreint est préparé la veille par un comité interministériel, que le Premier ministre préside à Matignon, et auquel Hubert Védrine et le général Quesnot, chef de l'état-major particulier, sont systématiquement conviés.

La gravité des crises dans lesquelles la France se trouve impliquée, et au règlement desquelles elle entend contribuer par une diplomatie très volontariste (avec deux grands sujets : le devenir de la Bosnie après l'éclatement de la Yougoslavie, la guerre civile au Rwanda), a fait du conseil restreint, réuni à certaines périodes chaque semaine, et où se prendront toutes les décisions, le creuset d'une cohabitation efficace.

Sur les modalités de notre intervention humanitaire au Rwanda, le président de la République et le Premier ministre ont au début des conceptions qui ne concordent

1. 7-9 novembre 1994.

2. Selon les sujets, Anne Le Lorier, Bernard de Montferrand, Yves-Thibault de Silguy.

3. Jean Lévy.

pas pleinement, mais ils trouvent un terrain d'entente. Lorsque les vues du Président et du Premier ministre divergent vraiment, ils en parlent en tête à tête : c'est principalement le cas de la reprise des essais nucléaires. François Mitterrand avait décidé un moratoire. Édouard Balladur souhaitait y mettre fin, mais se rangera à la position du Président. Les grands choix stratégiques incombent au président de la République. Les choix de défense, budget, équipement de nos armées, relèvent de la responsabilité du Premier ministre.

« On a parlé de cohabitation de velours, a écrit M. Balladur. Malgré les apparences, les conflits existaient. Le velours, c'était pour les rideaux du décor. L'action de la pièce, elle, n'était pas toujours empreinte de douceur. Mais nous ne pouvions rien faire l'un sans l'autre. Nous devions faire un effort constant de dialogue pour rapprocher nos points de vue. Nous y sommes souvent parvenus, pas sur tout, et pas toujours au départ, mais souvent. Malgré nos divergences, nous ne nous sommes pas surpris l'un l'autre. »

Avec Alain Juppé, le Quai d'Orsay exerce un rôle central de préparation et de mise en œuvre des grandes décisions politiques. La contribution du ministre des Affaires étrangères au bon fonctionnement de la cohabitation sera essentielle. Hubert Védrine écrit : « Alain Juppé s'inscrira, à mon sens, à l'intérieur de la politique étrangère mitterrandienne, non sans lui insuffler une énergie nouvelle et une plus grande capacité opérationnelle[1]. » Sur la Bosnie, c'est avec le double appui du Président et du Premier ministre que le ministre des Affaires étrangères propose, pour rechercher un règlement d'ensemble, de créer

1. Hubert Védrine, *Les Mondes de François Mitterrand, op. cit.*

un « groupe de contact » qui réunira à cette fin les cinq partenaires cruciaux : États-Unis, Russie, France, Grande-Bretagne, Allemagne. C'est lui qui inspire en 1994 le premier ultimatum de l'OTAN aux forces serbes, pour les contraindre à mettre fin à l'encerclement de Sarajevo. Il joue aussi un grand rôle dans les négociations du GATT (accord général sur les tarifs douaniers et le commerce).

Au bout de deux ans, l'objectif souhaité est atteint : la France n'a eu qu'une politique étrangère, et l'entente entre le Président et le Premier ministre, affichée en toutes circonstances, a fait qu'à aucun moment nos partenaires n'ont essayé de jouer de l'un contre l'autre.

Sur des dossiers de politique étrangère majeurs, Édouard Balladur, en plein accord avec le Président qu'il tient étroitement informé, jouera un rôle de premier plan. Il est au cœur de toutes les réflexions et décisions françaises sur la Bosnie. Il est en première ligne sur le dossier du GATT et la renégociation du « préaccord de Blair House », que la Commission européenne a conclu avec les États-Unis sans l'aval du Conseil, et qui est lourd de dangers pour la politique agricole commune, et tout particulièrement pour les agriculteurs français. Le Premier ministre entreprend une tournée des capitales européennes et se rend à Washington pour plaider le dossier directement auprès du président Clinton.

Tirant les leçons de la tragédie yougoslave, M. Balladur annonce à l'Assemblée nationale, dès son investiture[1], qu'il proposera au Conseil européen de Copenhague de juin 1994 un « pacte pour la stabilité et la sécurité en Europe », qui permettra à l'Europe des Douze de concrétiser la politique étrangère et de sécurité commune

1. Déclaration de politique générale du 8 avril 1993.

instituée par le traité de Maastricht. Il explique son projet dans une tribune publiée conjointement avec le chancelier Helmut Kohl dans *Le Monde* et la *Frankfurter Allgemeine Zeitung*. Il se rend à Moscou pour en informer le président Boris Eltsine et le Premier ministre Viktor Tchernomyrdine. Le but, pour éviter à tout prix une « deuxième Yougoslavie », est de faire prendre, par les États d'Europe centrale et orientale candidats à l'adhésion à la CEE, des engagements entre eux-mêmes et à l'égard des Douze, en matière de respect des frontières et de droit des minorités : paix entre les nations, paix à l'intérieur des nations entre les ethnies et entre les groupes. « Comment apaiser les tensions entre les Baltes et les Russes, les Hongrois et leurs voisins, les Bulgares et les Turcs, les Macédoniens et les Grecs, comment éviter les soulèvements dont le Caucase ou la Tchétchénie ne sont peut-être que les premiers exemples ? Si la paix et la stabilité ne règnent pas en Europe, rien n'est possible. L'Europe ne peut se calfeutrer bien à l'abri, en laissant l'instabilité régner à l'Est[1]. » Le Premier ministre préside un an plus tard une grande conférence, réunissant au siège de l'UNESCO les chefs de gouvernement et les ministres de tous les pays concernés.

C'est M. Balladur qui pilote, avec le ministre de la Coopération Michel Roussin, la dévaluation de 50 % du franc CFA, réforme monétaire majeure, devenue essentielle pour les économies des pays de la Zone franc, mais exigeant une soigneuse préparation politique avec ces États, et beaucoup de pédagogie dans la communication, car elle inquiète les opinions publiques. Le Premier ministre préside à cet effet deux sommets régionaux, en juillet 1994, à Dakar puis à Libreville.

1. Édouard Balladur, *Deux ans à Matignon*, *op. cit.*

C'est aussi le Premier ministre qui se rend à New York pour rendre compte aux membres du Conseil de sécurité des Nations unies, qui a donné son aval à l'intervention française au Rwanda, du bilan humanitaire de l'opération *Turquoise*.

Fin décembre 1994, lors de la prise en otage du vol d'Air France Alger-Paris par des terroristes algériens réclamant la libération des deux dirigeants du Front islamique du salut, c'est M. Balladur qui négocie avec son homologue algérien, puis obtient du président Zeroual que l'Airbus décolle d'Alger (alors que les autorités algériennes voulaient régler le problème sur place, ce qui pouvait se terminer par un bain de sang) et se pose non à Paris, comme l'exigeait le commando, mais à Marignane. C'est de Matignon que l'ordre est adressé au GIGN de donner l'assaut, opération spectaculairement réussie par les hommes du futur général Favier, et qui aboutit à la libération de 229 passagers.

À partir de l'été 1994, tout en respectant scrupuleusement la fonction présidentielle, le Premier ministre entend affirmer, par des contacts avec les chefs d'État et de gouvernement qui sont nos principaux partenaires, et par des voyages officiels dans leurs pays, son statut de présidentiable. Il me demande d'assurer moi-même son protocole, alors que, traditionnellement, c'était le rôle de l'adjoint du chef du Protocole. Or, malgré sa maladie, le président de la République conservera jusqu'à la fin de son mandat un rythme élevé de déplacements à l'étranger. J'allais au Japon préparer un voyage du Président. À peine revenu pour organiser un sommet en province, je repartais en Russie avec le Premier ministre, etc. Ce seront, pour mon équipe et pour moi, deux années très intenses. En mon absence, mon adjoint resté à Paris gère le flux incessant des visites en France des hautes personnalités étrangères. Excellents professionnels du Protocole, Guy Yelda, puis Laurent Stéfanini m'apporteront pendant ces quatre années un concours essentiel.

Pour ses collaborateurs directs, M. Balladur est un patron très exigeant, qui les maintient sous tension permanente. Mais, par le canal de son chef de cabinet, Pierre Mongin, j'aurai toujours des instructions claires et rapides.

Mon travail est grandement facilité par la volonté commune d'Hubert Védrine et de Nicolas Bazire, directeur du cabinet du Premier ministre, de travailler très étroitement ensemble et de prévenir les accrocs. En période de cohabitation, tout détail protocolaire peut présenter très vite un enjeu institutionnel et politique. Dans mon domaine, je n'ai jamais rencontré de difficulté sérieuse. Je travaille en confiance avec Béatrice Marre, chef de cabinet du Président, et avec Pierre Mongin. Les circonstances officielles dans lesquelles le Président et le Premier ministre se retrouvent ensemble donnent lieu continuellement à de petits réglages : horaires, prises de parole, photos. S'il n'y a pas accord entre les deux chefs de cabinet – et ils ont chacun un fort tempérament –, la question est soumise à Hubert Védrine et Nicolas Bazire. Ils tranchent. Pour la préparation des voyages, mes interlocuteurs sont les deux conseillers diplomatiques, Jean Vidal à l'Élysée et Bernard de Montferrand à Matignon, et le conseiller du Président pour l'Afrique, Bruno Delaye.

Dans le domaine qui est le mien, celui de l'organisation protocolaire de la cohabitation, et à l'exception du sommet franco-espagnol de Foix (cf. *infra*) les sommets bilatéraux en France se déroulent sans anicroches : sommets franco-allemands de Beaune, Mulhouse et Dijon avec Helmut Kohl ; sommet franco-britannique de Chartres avec

John Major; sommet franco-italien d'Aix-en-Provence avec Silvio Berlusconi. Le déroulé-type sera rodé à Beaune. Le Président et le Premier ministre rencontrent séparément leur hôte, puis le lendemain matin pour un petit déjeuner à trois. Ils sont côte à côte à la séance plénière avec les ministres. La conférence de presse de clôture est conjointe. Il en va de même pour les sommets à l'étranger : Bonn, Essen, Rome, Tolède.

Pour le dîner du sommet franco-allemand de Mulhouse (30 mai 1994), le maire, Jean-Marie Bockel, nous a suggéré un lieu original, la Cité de l'automobile, qui abrite la superbe collection de modèles anciens rassemblée par les frères Schlumpf, industriels du textile, dans les années 1960. Le lieu convient à la mission préparatoire. Cependant, sur l'estrade où sera installée la table d'honneur, face aux tables d'invités en léger contrebas, sont disposés de très anciens engins de locomotion, antérieurs à l'automobile. Ce serait, nous dit le conservateur du musée, un fond de décor très parlant derrière le Président, le Premier ministre et le Chancelier. Je m'aperçois que, parmi ces engins, il y a une chaise à porteurs. Elle évoque immédiatement les caricatures de Plantu représentant M. Balladur en personnage de l'Ancien Régime, avec perruque, et se déplaçant ainsi. J'imagine l'usage que les médias feraient de cette image. Il faut éviter tout entrefilet ironique dans les journaux, à commencer par *Le Canard enchaîné*. La chaise à porteur sera retirée avant le sommet, le conservateur en fera son affaire.

François Mitterrand propose à Felipe González que le sommet franco-espagnol devant se dérouler en France, conformément à la règle d'alternance[1], se tienne à Foix.

1. 20-21 octobre 1994.

M. Balladur n'est pas heureux du choix de cette terre socialiste, mais s'est incliné devant la décision présidentielle. De plus, au retour de la mission préparatoire, à laquelle a participé un membre de son cabinet, il constate qu'aucun des lieux envisagés pour son hébergement n'est convenable. Alors que le Président, suivant l'usage, logera à la préfecture, la résidence du sous-préfet de Pamiers, que nous sommes allés reconnaître, pourrait difficilement, en effet, accueillir le Premier ministre, et pas davantage, à l'époque, les hôtels de Foix ou des environs proches. Le Premier ministre décide qu'il abrégera son séjour à Foix. Il participera au dîner offert par le Président à la préfecture en l'honneur de Felipe González, avec les deux délégations et les élus locaux, mais regagnera Paris le soir même, sans participer à la conférence de presse du lendemain.

C'est la huitième rencontre de ce type depuis qu'elle a été instituée en 1985. Elle se déroule dans un climat franco-espagnol très apaisé. Elle permettra de faire progresser le grand dossier, très important pour l'Espagne, de la liaison ferroviaire à grande vitesse Barcelone-Montpellier. Ce sommet est l'occasion aussi d'inaugurer, en présence du président de la Généralité de Catalogne, Jordi Pujol, le tunnel routier de Puymorens, qui relie l'Ariège aux Pyrénées-Orientales, et raccourcit le trajet entre Barcelone et Toulouse.

Comme dans toutes les rencontres bilatérales avec nos partenaires de la CEE, les grands dossiers européens occupent une place éminente. Felipe González, qui a négocié l'adhésion de l'Espagne à la CEE en 1986, prendra la présidence semestrielle du Conseil européen le 1er juillet 1995, juste après la France. La rencontre de Foix permet de faire le point sur le renforcement de la construction européenne, de confirmer la participation militaire de l'Espagne au Corps européen, et de constater l'identité de vues sur les grands dossiers de politique étrangère, à commencer par celui de la Bosnie-Herzégovine.

L'Ariège a accueilli pendant la guerre civile espagnole des guérilleros républicains qui se sont ensuite enrôlés dans la Résistance française et ont participé à la libération de la région. Le président de la République et le président du gouvernement espagnol vont se recueillir ensemble, à Prayols, devant le monument qui célèbre leur mémoire. Certains de ces combattants, menés notamment par le futur général Marcel Bigeard, avaient défait une colonne allemande avant de libérer la ville de Foix. Sur ce monument est gravée une phrase que le général de Gaulle lança à l'un de ces Espagnols déracinés, blessé dans les combats de l'Ariège : « Je salue en toi tes vaillants compatriotes, pour votre courage, pour le sang versé pour la liberté et pour la France. Par tes souffrances, tu es un héros espagnol et français. »

Felipe González manifeste une affectueuse déférence à l'égard de François Mitterrand, presque celle d'un disciple pour son maître. La France a accueilli les militants socialistes en exil, à l'époque où le Parti socialiste ouvrier espagnol était interdit par Franco, et clandestin. C'est à Suresnes, en 1974, sous la présidence de François Mitterrand, premier secrétaire du Parti socialiste, que le PSOE a tenu son congrès constitutif et élu secrétaire général Felipe González. En réussissant à fédérer les diverses tendances de la gauche espagnole non communiste, il a permis à son parti d'accéder au pouvoir en 1982. Felipe González était l'invité de François Mitterrand, le 21 mai 1981, jour de son installation officielle, pour le déjeuner qui avait réuni à l'Élysée deux cents invités, dont les figures emblématiques de l'Internationale socialiste, Willy Brandt, Shimon Peres, Mário Soares, Olof Palme. Le président du gouvernement espagnol connaît très bien notre culture. Lors de la conférence de presse qui clôt le sommet, parlant des combattants espagnols célébrés à Prayols, il cite deux alexandrins du *Cid* : « Mourir pour le pays n'est pas un triste sort, /C'est s'immortaliser par une belle mort. »

Selon une séquence rodée à l'occasion des deux sommets franco-allemands de 1993, le Président et le Premier ministre s'entretiennent à tour de rôle avec Felipe González. À l'arrivée de François Mitterrand à la préfecture, une petite foule massée devant les grilles acclame le président de la République. Même accueil chaleureux lorsque Felipe González se présente quelques minutes plus tard. Mais quand le Premier ministre se rend à la préfecture par les rues piétonnes du vieux Foix, il essuie une sérieuse bronca, avec violents slogans antigouvernementaux, assortis de jets de tomates. La manifestation est organisée par la CGT. Elle n'a pas pu ne pas être anticipée. M. Balladur est très mécontent. Nommé par la gauche, le préfet fera les frais de cet incident et sera placé hors cadre, au bout d'un an seulement dans l'Ariège.

Édouard Balladur à Matignon

Mes prédécesseurs déléguaient le protocole du Premier ministre à leur adjoint. C'était la tradition. C'est lui qui préparait ses voyages officiels et l'accueil à Matignon des hautes autorités étrangères. M. Balladur a souhaité que le chef du Protocole s'en charge lui-même chaque fois que le programme du Président lui en laissait la possibilité[1]. Avec le Quai d'Orsay, où j'ai mon bureau, et l'Élysée, où je me rends plusieurs fois par semaine, Matignon sera pendant deux ans mon troisième lieu de travail.

Agrémenté d'un très beau parc de trois hectares qui est aujourd'hui encore le plus grand jardin privé de Paris[2], l'hôtel de Matignon est une élégante résidence, contemporaine de l'Élysée, achevée en 1724 pour Charles-Louis de Montmorency-Luxembourg. Il la revend à Jacques III de Goyon, seigneur de Matignon, en Bretagne, qui lui donna durablement son nom. Puis, par le mariage de

1. En 1995, lorsque prend fin la cohabitation, l'adjoint au chef du Protocole retrouve avec Alain Juppé la responsabilité du protocole du Premier ministre.

2. Et où chaque Premier ministre, depuis Raymond Barre, plante un arbre à son arrivée.

celui-ci avec une Grimaldi, il apporte Matignon à la principauté de Monaco[1]. Son descendant, Honoré IV de Monaco, revend l'hôtel à un banquier. Au cours du XIXe siècle, il passe de main en main : Talleyrand ; Napoléon Ier ; Louis XVIII, qui échange Matignon contre l'Élysée, alors propriété de la duchesse de Bourbon ; la famille d'Orléans ; le duc de Galliera, dont la veuve accueille à Matignon le comte de Paris. À cause d'une réception somptueuse pour les fiançailles de sa fille, qui s'est transformée en provocation antirépublicaine, le comte doit s'exiler en 1886. Pour se venger, la duchesse de Galliera décide de léguer sa résidence à une puissance étrangère.

En 1889, l'hôtel de Matignon devient la propriété de l'Empire austro-hongrois, qui en fait la résidence de son ambassadeur en France, le comte Ladislas Hoyos-Sprinzenstein. Bien qu'elle représente un pays qui est l'allié fidèle de l'Empire allemand, la nouvelle ambassade devient l'un des hôtels particuliers les plus courus du Tout-Paris, les réceptions sont brillantes, l'ambassadeur fait redessiner le jardin pour réaliser une immense pelouse de réception[2]. En 1900, invité par le Châtelet à donner un concert à l'occasion de l'Exposition universelle, Gustav Mahler est hébergé à Matignon. Pendant la Première Guerre mondiale, l'hôtel est placé sous séquestre comme bien ennemi. Après la défaite austro-hongroise, il est racheté par la France à l'Autriche et sert à abriter quelques réunions internationales. En 1934, à l'initiative du président du Conseil Gaston Doumergue,

1. Le prince souverain Albert II de Monaco porte, parmi ses 23 titres, celui de sire de Matignon.
2. Sous laquelle il fera enterrer son chien et son chat.

une loi fait de Matignon la résidence officielle du chef du gouvernement. Son successeur, Pierre-Étienne Flandin, ministre des Travaux publics, renonce à cumuler la présidence du gouvernement avec un portefeuille ministériel et s'installe à Matignon avec ses proches collaborateurs[1]. Jusqu'à la fin de la IIIe République, tous les présidents du Conseil feront de même. En 1944, tout en résidant à l'hôtel de Brienne, le général de Gaulle fait de Matignon le siège du Gouvernement provisoire de la République française et vient y présider les réunions du Conseil des ministres. Depuis, Matignon a été sans interruption le siège des 22 présidents du Conseil de la IVe République et des 24 Premiers ministres de la Ve.

Avec M. Balladur, le rythme des activités internationales de Matignon s'intensifie[2]. Traditionnellement, les chefs d'État, surtout ceux qui venaient en visite d'État, rendaient visite au Premier ministre, mais la rencontre avait un caractère surtout protocolaire, sauf pendant la première cohabitation. À partir de 1993 en revanche, et pendant deux ans, les chefs d'État demandent tous à venir à Matignon, l'ordre du jour de l'entretien avec le Premier ministre étant concerté avec l'Élysée pour une bonne répartition des sujets. Même les souverains ne font aucune difficulté pour venir à Matignon. Le roi Hussein de Jordanie, au début de la cohabitation, crée un précédent.

1. Nombreux, sous la IIIe République, furent les présidents du Conseil qui étaient en même temps ministre des Affaires étrangères, ou ministre de l'Intérieur, et logeaient au Quai d'Orsay ou dans leur appartement de fonction de la place Beauvau.

2. Sur Matignon et la seconde cohabitation, cf. le témoignage du conseiller de presse du Premier ministre, Bernard Brigouleix : *Histoire indiscrète des années Balladur,* Albin Michel, 1995.

Les autres têtes couronnées, telles que le roi Juan Carlos et la reine Sofia, suivront, à la satisfaction très visible de leur hôte.

Le Premier ministre est très attentif au protocole. Il est toujours très ponctuel, et même souvent en avance, alors que le Président est généralement en retard. Il est très courtois, calme, prévenant à l'égard de ses hôtes. J'apprécie son humour. La veille de l'audience privée que lui accorde, ainsi qu'à Mme Balladur, le pape Jean-Paul II, à l'issue d'un sommet franco-italien à Rome, je lui demande s'il n'a pas d'objection à être accompagné auprès du souverain pontife par un chef du Protocole protestant. « Mais, mon cher ami, nul n'est parfait ! »

Peu nombreux sont les très proches collaborateurs du Premier ministre à disposer d'un bureau dans l'hôtel de Matignon. Tous les autres sont répartis entre trois anciens hôtels particuliers tout proches : le « 56 Varenne » (ancien hôtel Gouffier de Thoix, qui fut habité par Louis Aragon et Elsa Triolet) ; le « 58 Varenne » (ancien hôtel de Montalivet) ; le « 13, Vaneau ». L'activité internationale, avec ses audiences, déjeuners et dîners officiels, s'insère dans des journées très chargées, entre une réunion interministérielle, une rencontre avec les dirigeants patronaux ou syndicaux, un petit déjeuner de la majorité, etc. Le Premier ministre reçoit dans son bureau à l'étage. Le rez-de-chaussée, décoré avec élégance, sert aux réceptions officielles : salon Rouge, salon Bleu, salon Jaune, salle du Conseil. Le vestibule est l'épicentre d'un va-et-vient permanent : huissiers, gardes républicains, conseillers venant du 56, du 58 ou du 13 pour une réunion avec le « PM », son directeur de cabinet, son directeur adjoint, son chef de cabinet, tous se pressent. La machine tourne à plein régime. Sous l'autorité de l'intendant de Matignon, le capitaine de corvette Cabardos, une équipe de grands professionnels, dont certains ont déjà servi plusieurs Premiers ministres et en serviront encore bien d'autres[1], fait face avec une grande maîtrise.

1. Cf. Gilles Boyer, *Le Maître d'hôtel de Matignon*, JC Lattès, 2019.

Quai d'Orsay

Le bureau du chef du Protocole est au premier étage du ministère des Affaires étrangères depuis 1855[1].

Le Quai doit son nom au prévôt des marchands du début du XVIIIe siècle, Charles Boucher d'Orsay. Le 37, quai d'Orsay désigne à la fois l'adresse de l'hôtel du ministre des Affaires étrangères depuis Napoléon III et d'une partie de ses services parisiens, et le ministère lui-même, avec son administration centrale et son réseau à l'étranger. « Le Quai d'Orsay » ou « le Quai » sont des raccourcis commodes pour le situer au sein de l'État, comme « l'Élysée », « Matignon », « la place Beauvau », « la place Vendôme », « Bercy ». Le Quai d'Orsay s'identifie à la diplomatie française, comme la Farnesina ou le Ballhausplatz aux diplomaties italienne et autrichienne.

Après avoir changé d'adresse plusieurs fois sous l'Ancien Régime, et une tentative infructueuse de Napoléon Ier de lui construire un palais à l'emplacement de l'actuel musée d'Orsay, le ministère continue à migrer dans Paris jusqu'à la décision de François Guizot, ministre des

1. Ses collaborateurs, une centaine, sont répartis entre le Quai d'Orsay, le boulevard des Invalides et la rue de la Convention.

Affaires étrangères de 1840 à 1848, de construire un immeuble digne d'accueillir l'administration chargée de la politique étrangère de la France, et de réunir au même endroit la résidence du ministre, les services du ministère, les archives et des appartements pouvant héberger les souverains étrangers en visite d'État. Le terrain choisi prolonge le jardin de l'hôtel de Lassay, sur la rive gauche de la Seine, entre la Chambre des députés et l'esplanade des Invalides. La première pierre est posée en 1845. Le chantier dura dix ans. Il fut prioritaire pour Napoléon III. L'arbitrage personnel de l'empereur fut sollicité chaque fois que les crédits venaient à manquer, et il fut toujours favorable au projet : ce palais devait être, pour les très hautes personnalités étrangères qu'il était appelé à accueillir, la vitrine de l'excellence française.

Comme l'a observé Henri Loyrette, « ce projet connut les vicissitudes de la plupart de nos grands chantiers, mais prouva aussi la continuité de l'État : Napoléon III acheva ce qu'avait voulu Louis-Philippe. Alors qu'il a été conçu par la monarchie de Juillet, il apparaît paradoxalement comme un chef-d'œuvre de l'art du Second Empire. Tel quel, habité, utilisé, modifié, vécu, il a accompagné depuis un siècle et demi la diplomatie française. Il la représente et l'illustre. Il rappelle avec force, après des débuts difficiles, la volonté persévérante de l'État et dit, avec ses mots à lui, ceux de son architecture et de son décor, les impératifs d'une politique qui doit conjuguer la maîtrise, l'éclat et la grandeur ».

Pour la décoration du palais, dont les façades, classiques, rappellent celles du XVIIIe siècle, l'architecte Lacornée fit appel aux meilleurs talents de l'époque, en tout plus de cent artistes et artisans : peintres décorateurs, sculpteurs sur marbre pour les cheminées, sculpteurs sur bois, fabricants de meubles, tapissiers mettant en valeur une industrie textile en pleine expansion, bronziers, horlogers, serruriers, orfèvres, ébénistes, graveurs.

Le Protocole est un grand utilisateur de l'hôtel du ministre. Le ministre des Affaires étrangères y reçoit ses visiteurs, le salon de la Rotonde accueille réunions et repas, le salon de l'Horloge et le salon de la Paix sont très commodes pour les réceptions. La grande salle à manger, qui servait de salle d'examen pour l'oral des concours d'entrée au Quai d'Orsay jusqu'à la Seconde Guerre mondiale, permet d'organiser déjeuners et dîners officiels pour 144 convives, dans un très beau cadre. Au cours de mes années au Protocole, il est arrivé que le président de la République y offre un dîner d'État. Cela s'est produit pour la visite d'État du sultan de Brunei[1]. Nous constatons, en réunion de calendrier chez Bertrand Landrieu, directeur de cabinet du Président, que vont être préparés en parallèle deux événements mobilisant le même jour la salle des Fêtes : l'arbre de Noël, pour les enfants du personnel du palais, avec le montage d'un décor de théâtre, et le dîner d'État en l'honneur du sultan. La préparation de l'arbre de Noël est trop avancée pour envisager un report. L'ambassadeur de Brunei est très inquiet à la perspective d'annoncer à son souverain qu'il n'y aura plus de dîner à l'Élysée, mais au ministère des Affaires étrangères, où la grande salle à manger accueille cent invités de moins que la salle des Fêtes. Il est rassuré lorsqu'il voit que nous soignerons particulièrement le cérémonial, avec une présence renforcée de la Garde républicaine en grande tenue, et une décoration florale raffinée des salons.

1. 16-19 décembre 1996.

Lors de la signature des accords de Dayton-Paris sur la Bosnie-Herzégovine, également dans la salle des Fêtes[1], il fallait trouver un autre lieu pour le déjeuner qui suivait, et le Quai d'Orsay fut parfaitement approprié. Le Quai d'Orsay est également à la disposition du Premier ministre : les salons de Matignon ne permettent pas d'accueillir des repas officiels de très grand format.

Jusqu'aux années 1960, les chefs d'État en visite d'État pouvaient être hébergés dans un appartement de l'étage supérieur, aujourd'hui transformé en salle de réunion. Il y avait là une chambre du roi, une chambre de la reine, dans le style XVIIIe, et deux salles de bains décorées de mosaïques et de laques, en or pour le roi, en argent pour la reine, créées pour la visite des souverains britanniques en 1938 et réalisées par le maître laqueur et le maître verrier qui avaient décoré le paquebot *Normandie*. Winston Churchill y avait résidé lors de sa visite à Paris, en novembre 1944. Duff Cooper, ambassadeur de Grande-Bretagne, avait écrit : « Le Premier ministre s'est aperçu avec ravissement qu'il avait une baignoire en or, qui devait servir à Goering, et il a été encore plus ravi de voir que Monsieur Eden n'avait qu'une baignoire en argent. »

1. 14 décembre 1995

« Daniel, le Chancelier a faim ! »

Depuis la signature du traité de l'Élysée (22 janvier 1963) et le premier sommet franco-allemand, coprésidé en juillet de la même année par le général de Gaulle et Konrad Adenauer, les dirigeants des deux pays se sont retrouvés, tel que prévu, deux fois par an, avec une régularité de métronome. Pour François Mitterrand et Helmut Kohl, qui ont accédé au pouvoir à un an d'intervalle, c'est la 21e rencontre dans le cadre de ces « 61e consultations franco-allemandes ». Comme l'avaient voulu leurs illustres fondateurs, ces sommets ont permis d'ancrer la réconciliation franco-allemande et d'élargir la coopération à de plus en plus de domaines. En trente ans, l'Office franco-allemand de la jeunesse a organisé des échanges pour près de deux millions de personnes. Par leur rythme bisannuel, les sommets franco-allemands n'ont pas d'équivalent. Les sommets franco-britannique, franco-espagnol, franco-italien se tiennent en principe une fois par an. En dehors des sommets, François Mitterrand et Helmut Kohl se rencontrent souvent en tout petit comité, pour un dîner à l'Élysée ou à Bonn, avec leurs plus proches collaborateurs, leurs interprètes, Brigitte Stoffaës et Werner Zimmermann, mais sans leurs ministres.

La construction européenne est en permanence à l'ordre du jour. Les années 1980 avaient été celles de sa remise en marche, avec le sommet de Fontainebleau de 1984, sous présidence française, et le règlement de la question du « chèque britannique », grâce à l'appui total d'Helmut Kohl à François Mitterrand face aux exigences de Margaret Thatcher. Après la chute du mur de Berlin, François Mitterrand et Helmut Kohl ont donné le tempo à leurs partenaires sur tous les grands sujets : conséquences pour l'Europe de la réunification allemande ; marche en avant vers l'union monétaire européenne et la monnaie unique, qui doit être mise en place au plus tard le 1er janvier 1999 ; élargissement à Quinze (avec l'Autriche, la Finlande et la Suède) ; mise en œuvre du volet « union politique » du traité de Maastricht et transformation de la CEE en une Union européenne ; balbutiements de la politique étrangère et de sécurité commune ; en Russie, soutien à la perestroïka de Mikhaïl Gorbatchev ; dislocation de la Yougoslavie, avec une rare divergence entre les deux dirigeants sur l'opportunité de reconnaître l'indépendance de la Croatie et de la Slovénie.

Les grandes étapes de la construction européenne sont presque toujours parties d'initiatives franco-allemandes. Les lettres communes du président de la République et du Chancelier adressées à leurs partenaires de la CEE sont démarche courante. Ils se concertent toujours lors des Conseils européens, en général autour d'un petit déjeuner le deuxième jour, à la résidence de notre ambassadeur.

Au fil des années, la confiance, le respect mutuel, puis une véritable amitié entre les deux hommes n'ont cessé de s'approfondir. Cela s'accompagne de relations constantes entre leurs plus proches collaborateurs, qui se retrouvent dans les Conseils européens, les sommets du G7, de l'OTAN, de l'OSCE. Cette habitude de creuser d'abord en franco-allemand tous les sujets se décline au niveau des ministres, de leurs cabinets, de leurs directeurs d'administration centrale. Ils se téléphonent tous en permanence et se connaissent bien, ce qui confère à chaque sommet une atmosphère à la fois studieuse et détendue.

François Mitterrand apprécie les sommets bilatéraux en province. Ils font plaisir aux élus locaux, et le Président en connaît personnellement beaucoup. Helmut Kohl, qui aime la Bourgogne, a suggéré qu'elle soit choisie pour celui des 1er-2 juin 1993, à Beaune.

Comme toujours pour les sommets franco-allemands, l'ordre du jour fait une large place aux questions européennes : mise en œuvre du traité de Maastricht et cheminement vers l'union économique et monétaire; élargissement de la CEE aux États d'Europe centrale et orientale; appui allemand à la position française, au GATT, sur la renégociation du « préaccord de Blair House » ; création d'un corps européen de 40 000 hommes, avec un état-major à Strasbourg, préparée par une réunion, à Beaune, du conseil franco-allemand de défense et de sécurité. La situation en ex-Yougoslavie est un des dossiers chauds. Avec une mise en garde très claire à l'intention de la Serbie de Milošević, les ministres Alain Juppé et Klaus Kinkel font approuver une déclaration franco-allemande sur la Bosnie-Herzégovine, qui appelle au respect de son intégrité territoriale et à la protection de sa population. Les autres ministres font avancer leurs projets (ligne à grande vitesse Paris-Stuttgart *via* Strasbourg) ou préparent des positions communes : en l'occurrence, à Beaune, sur les questions d'environnement et le suivi du

« sommet de la Terre » réuni à Rio de Janeiro l'année précédente. Le bilan de ce sommet sera substantiel.

La presse française, et les médias étrangers tout autant, porte un intérêt particulier au sommet de Beaune, puisque c'est le premier de la cohabitation, et le Premier ministre y participera aux côtés du président de la République. Se retrouvent pour cet événement la presse diplomatique, qui suit les activités internationales du Président et du Premier ministre, et les journalistes français de politique intérieure, qui observent la cohabitation au microscope. À la conférence de presse de clôture Mitterrand/Balladur/Kohl, un journaliste pose la question bien prévisible :

« Je voudrais vous interroger, Monsieur le président de la République, sur ce que l'on appelle la cohabitation. Je voudrais savoir comment se passe la répartition du travail entre vous-même et M. le Premier ministre, et votre impression sur ce premier exercice. Question qui s'adresse également, naturellement, à M. le Premier ministre.

— Le Président : Je vous renvoie à Saint Thomas : "Voyez !"

— Le Premier ministre : "Je crois que Saint Thomas dit : 'Voyez et touchez !'"

— Le chancelier Kohl : "En tant que démocrate-chrétien, je trouve très beau le rôle qui est joué ici par Saint Thomas !" »

La mission préparatoire a été conduite quelques semaines avant par le chef de cabinet du président de la République, Béatrice Marre, ce qui est la règle pour tout événement international se déroulant en France. Elle a fait auparavant une discrète reconnaissance sur place, qui nous fait gagner du temps. Pierre Mongin a délégué son adjoint, Emmanuel Déchin, qui veille à ce que le traitement protocolaire de M. Balladur soit irréprochable. Mon excellent collègue allemand Jürgen Weerth, très francophile et parfaitement francophone, celui de mes homologues avec lequel j'aurai le plus à travailler, nous a rejoints à Beaune avec son équipe pour mettre au point le programme. Nous examinons tous les lieux requis pour l'hébergement et les séances de travail. La mission préparatoire se termine par une séance de clôture à laquelle participent le préfet de la région Bourgogne, Georges Peyronne, et la sous-préfète de Beaune, Marie-France Combier. Le Président logera à la sous-préfecture. Le Chancelier et le Premier ministre, à l'hôtel Le Cep. Nos collègues allemands remarquent que, dans la suite qui hébergera le Chancelier, la douche ne convient pas à sa corpulence. Qu'à cela ne tienne : le directeur de l'hôtel fera démonter les parois de la douche. Autre aménagement demandé : quand le Premier ministre s'installe dans sa chambre, où il passera deux nuits, il juge la commode trop petite. C'est bien son droit, mais j'aurais souhaité que le remplacement par une commode plus grande se fasse discrètement. C'est le contraire qui se produit, car le personnel est obligé de réaliser l'opération en traversant le hall rempli de journalistes, qui m'interrogent sur ce va-et-vient et ne se privent pas de commentaires ironiques.

Le jour J, je salue le Chancelier et sa délégation à la base aérienne de Dijon-Longvic et les accompagne en bus spécial à Beaune, où François Mitterrand accueille Helmut Kohl place Carnot (le Protocole fait toujours la distinction entre « saluer » et « accueillir »). Après les honneurs militaires, les hymnes nationaux et la présentation des deux délégations (dix ministres du côté français, autant du côté allemand), il est prévu que le Président et le Chancelier se rendent en voiture à l'hôtel de ville, où les attendent le maire, Henri Moine, et son conseil municipal. M. Balladur rejoindra Beaune plus tard. Il fait très beau. Au moment de monter dans leur voiture, le Président propose au Chancelier de faire le trajet à pied. « Le chef du Protocole connaît certainement le chemin », ajoute le Président. Je n'ose pas dire que je ne le connais pas du tout : c'est le trajet en voiture que nous avons repéré. Or, l'itinéraire n'est pas du tout le même que celui reconnu par la mission préparatoire, et qui était balisé.

Je m'engage avec une totale inconscience dans une rue qui me paraît aller dans la bonne direction, suivi par le Président et le Chancelier, qui me font confiance, et par toute une cohorte de ministres et hauts fonctionnaires français et allemands, qui devisent dans une atmosphère joyeuse. Devant moi, les nombreux photographes de presse et les télévisions font leur travail en marchant à reculons, et se bousculent. Ils forment un rideau qui me bouche l'horizon. D'ordinaire, lorsqu'il y a déplacement à pied dans une ville de province, c'est le commissaire de police qui guide le cortège. Mais il marche devant les journalistes ! Nous sommes partis depuis un certain temps déjà, je me rends compte que nous n'avons pas du tout pris la bonne direction, mais je ne peux pas me retourner vers le Président et le Chancelier pour leur demander de faire demi-tour. À ce moment critique, la sous-préfète me rattrape en courant et crie : « Mais vous êtes en train de nous emmener à Dijon ! » Elle m'indique la première rue à gauche, je la prends, j'ai l'impression que derrière moi personne ne s'aperçoit de rien. Le hasard fait que des touristes allemands sont attablés à la terrasse d'un petit café. Ils reconnaissent le Chancelier et lui font de grands gestes amicaux. Helmut Kohl est ravi.

La soirée du premier jour se passe très bien. Helmut Kohl s'entretient successivement avec François Mitterrand puis Édouard Balladur. Après le dîner officiel au Bastion des Hospices, le Chancelier propose au Président d'aller prendre un verre sur une terrasse de café, et fait venir un pool de photographes. Leurs interprètes les accompagnent. Au sortir d'un repas qui a fait honneur aux meilleures traditions bourguignonnes, Helmut Kohl déguste avec gourmandise une grosse glace à plusieurs boules, surmontée d'une petite ombrelle japonaise.

Le lendemain matin, le Président reçoit pour un petit déjeuner de travail à la sous-préfecture le Premier ministre et le Chancelier. Ce petit déjeuner à trois deviendra rituel pour tous les sommets bilatéraux et les Conseils européens.

Cette fois-ci, nous avons repéré la veille le trajet à pied. Helmut Kohl marche à grandes enjambées. Walter Neuer, son directeur de cabinet, me rejoint en tête du cortège alors que nous ne sommes plus loin de la sous-préfecture. Il semble très préoccupé. « Daniel, qu'avez-vous prévu pour le petit déjeuner ? » Je n'ai aucune inquiétude car, pour toutes les réceptions offertes par le Président en province, l'intendant de l'Élysée prend la main, et je suis sûr qu'il a prévu un petit déjeuner copieux et de qualité. « Le matin, ajoute Neuer, le Chancelier a faim. Avez-vous prévu quelque chose de substantiel ? » Je n'en sais rien en réalité, et le trajet qui nous reste vers la sous-préfecture est très court. Mais nous passons à ce moment précis devant une boulangerie-pâtisserie. Je vois dans la vitrine une part de tarte aux pommes et je dis à Walter Neuer que je vais l'acheter. « Mais non, Daniel, cela ne va pas, il faut une tarte entière ! » Je m'engouffre dans la boutique, la pâtissière, interloquée, me donne une belle tarte, je lui dis que je repasserai régler dans la matinée, je confie discrètement la tarte à un fonctionnaire du Service de protection des hautes personnalités, pour ne pas avoir à me présenter, une boîte de gâteau à la main, devant le Président qui nous attend à la sous-préfecture.

Fidel Castro

La visite de Fidel Castro en France[1] est un sujet de divergence majeur entre le président de la République et le gouvernement.

Le président de la République cubaine est invité par le directeur général de l'UNESCO, Federico Mayor, à prendre la parole devant la conférence générale de l'organisation. Depuis cette tribune, il va dénoncer l'embargo économique, commercial et financier imposé à Cuba par les États-Unis depuis 1962, « embargo criminel contre un petit pays socialiste », ainsi que « l'impérialisme américain et le FMI ». À la suite de l'effondrement de l'URSS en 1991, l'arrêt subit de l'aide soviétique massive et multiforme à Cuba a obligé le régime à décréter la « période spéciale en temps de paix », qui signifie pour l'île de graves pénuries et une situation financière dramatique.

Fidel Castro, très isolé sur la scène internationale, vient à Paris pour réclamer la levée de l'embargo et répondre aux critiques occidentales sur ses graves violations de droits de l'homme. Il connaît François Mitterrand pour l'avoir reçu à La Havane lorsqu'il était premier

1. 13-16 mars 1995.

secrétaire du Parti socialiste. Il apprécie que le Président ait toujours dénoncé l'embargo. Il sait aussi l'importance qu'il attache au respect des droits de l'homme. Mais le Président, interrogé par un journaliste la veille, à Copenhague, à l'issue du sommet mondial pour le développement social, a répondu sur cette visite contestée : « Il ne resterait pas grand monde si la France devait n'avoir de relations diplomatiques qu'avec les pays respectueux des droits de l'homme. » Le Président avait ajouté : « Cuba doit trouver une réelle liberté intérieure. »

La sympathie de Danielle Mitterrand pour le régime castriste est notoire. La fondation France-Libertés finance plusieurs projets à Cuba, notamment médicaux. À Laure Adler[1], le Président confie : « Contrairement à ma femme, je pense que Castro est un dictateur. Les mots ont un sens. C'est un tyran. Chez lui, pas de pluralisme de partis, pas de presse libre, pas d'élections libres. Castro est un tyran, mais son pays est étranglé par le blocus américain, qui a tout empêché et dont je ne vois pas aujourd'hui la nécessité. C'est donc quelqu'un qu'il faut aider sans pour autant avoir la moindre indulgence pour la réalité. » Fidel Castro n'est jamais venu en France. À l'exception de l'Espagne, aucun État européen ne l'a jamais invité. Il recherche des ouvertures politiques et économiques à travers le monde, mais aussi des appuis et des capitaux occidentaux.

Alain Juppé me convoque quelques semaines avant la visite pour me dire que le gouvernement est en total désaccord avec le président de la République et juge cette visite inopportune. Fidel Castro n'aura aucun contact avec le Premier ministre, ni aucun ministre.

---

1. Laure Adler, *L'Année des adieux*, Flammarion, 1995.

Nous bâtissons donc un programme hybride. Ce n'est pas une visite officielle, le Protocole n'éditera pas de livret, mais une visite privée à l'invitation de Mme Mitterrand, à l'occasion de l'intervention de Fidel Castro devant l'UNESCO. Cependant, il y aura des éléments de visite officielle, et même de visite d'État. Comme pour une visite privée, il n'y a pas de ministre à l'aéroport. C'est moi qui suis désigné pour assurer l'accueil, au nom du président de la République, mais pas du gouvernement. Comme pour une visite officielle, les hymnes nationaux sont joués et les honneurs militaires rendus par la Garde républicaine. Au moment où je monte dans l'avion avec l'ambassadeur de Cuba en France pour saluer notre hôte, une grosse bourrasque fait s'envoler le tapis rouge. Le temps de le fixer au sol, Fidel Castro doit patienter pour descendre. Il rit : « Et si le tapis s'envolait vraiment, je pourrais partir avec ! »

Avec un cortège bénéficiant de la sécurité policière maximale, j'accompagne le *Comandante* à la résidence de Marigny, où il est hébergé, comme le serait un chef d'État en visite d'État. Il y retrouve ses collaborateurs, dont la jeunesse me frappe. Ils manifestent pour lui l'affection qu'on porte à un grand-père. Le tutoiement espagnol ajoute à l'atmosphère très détendue et chaleureuse. Notre ambassadeur à La Havane, Jean-Raphaël Dufour, est inclus dans ce cercle de confiance.

Au cours de son séjour parisien, qui commence le lendemain par un petit déjeuner privé à l'Élysée avec Mme Mitterrand, Fidel Castro ne rencontrera ni M. Balladur, ni aucun membre du gouvernement de la cohabitation. François Mitterrand offre en son honneur un déjeuner officiel. Il confirme sa position sur l'embargo mais recommande fortement, en contrepartie, un geste sur les droits de l'homme. Pour le petit déjeuner avec

Danielle Mitterrand, Castro est en tenue kaki. Pour le déjeuner avec le Président, il est en costume de ville avec cravate, comme pour les autres étapes de sa visite.

Au nom de la séparation des pouvoirs, Philippe Séguin, président de l'Assemblée nationale, se démarque légèrement de la position gouvernementale tout en tenant compte de celle de la majorité parlementaire, très prévenue contre Castro. Ses groupes politiques se sont réunis dans les locaux de l'Assemblée pour réclamer l'abolition de toutes les mesures attentatoires aux libertés et la libération des prisonniers politiques.

Philippe Séguin reçoit Fidel Castro à l'hôtel de Lassay, résidence du président de l'Assemblée nationale, mais il ne l'a pas invité à prendre la parole devant les députés. Aussi assiste-t-on à une séquence un peu bizarre, mais qui porte un message politique : Philippe Séguin conduit Fidel dans un hémicycle presque entièrement vide, où ne sont présents pour le saluer que les députés communistes. Il l'invite à monter à la tribune, se transforme alors en guide, et lui explique depuis son fauteuil de président l'histoire, l'architecture et la décoration du bâtiment.

À sa sortie du siège de l'UNESCO, Fidel Castro est hué par un groupe d'exilés cubains, souvent des intellectuels ayant connu la prison et la torture parce qu'ils n'ont pas accepté le régime du parti unique. Ils hurlent : « Castro, assassin ! » Nos visiteurs cubains n'en ont cure.

Fidel Castro se rend au tombeau de Napoléon et visite le château de Versailles. Après un déplacement dans l'Yonne, chez un industriel qui a beaucoup investi à Cuba dans l'agroalimentaire, il termine cette visite de trois jours, dont il nous dit à son départ être enchanté, par un dîner chez son « vieil ami » Georges Marchais, à son domicile de Champigny-sur-Marne.

Missions préparatoires

L'organisation des déplacements à l'étranger du président de la République et du Premier ministre est un travail d'équipe, que le chef du Protocole anime et coordonne. Nous nous retrouvons au sein des missions préparatoires, chacun avec sa compétence et sa responsabilité particulières.

Ma première mission préparatoire est à Athènes, pour un déplacement facile, puisque c'est un aller-retour du président de la République dans la journée autour de la cérémonie de remise du doctorat *honoris causa* que lui décerne l'Université Pantheios[1]. La délégation sera très réduite, avec un seul invité personnel, Costa-Gavras. La deuxième mission sera pour le sommet du G7 à Tokyo[2]. Le programme du sommet est entièrement préparé par le Protocole japonais, il n'y a rien à négocier, mais nous avons à mettre au point les activités que le Président aura en marge du sommet : une conférence de presse et un entretien avec Bill Clinton à la résidence de notre ambassadeur. La troisième mission préparatoire, pour deux visites

1. 14 mai 1993.
2. 9 juillet 1993.

d'État successives, en Corée puis au Kazakhstan sur le chemin du retour (septembre 1993), sera très intéressante à organiser, avec de gros enjeux politiques, des programmes chargés, une logistique lourde et une délégation nombreuse.

Ces premiers mois me permettent d'apprécier le rôle respectif de mes compagnons de mission. L'aide de camp, dont la fonction, dans sa forme actuelle, a été définie par le général de Gaulle en 1958, fait partie de l'état-major particulier du président de la République. Il est toujours à proximité immédiate du chef de l'État dans toutes ses activités officielles. Il est en veille permanente. Le public le voit poser le discours du Président sur le pupitre (discours dont il a vérifié la pagination), juste avant ses prises de parole. Le 14 Juillet, lorsque le Président descend les Champs-Élysées, il est assis à l'avant du *command car*, à droite du conducteur. Avec François Mitterrand puis Jacques Chirac, il y a deux aides de camp, un officier de l'armée de terre et, en alternance, un marin et un aviateur. Ils organisent le transport du Président et de sa délégation lors des déplacements officiels, soit en faisant appel aux moyens de l'armée de l'air (Falcon 900, DC-8, Airbus, Super Puma du Groupe de liaisons aériennes ministérielles, le GLAM) ; soit avec Air France, si le Président utilise le Concorde ou un Boeing 747, dont l'avant est spécialement aménagé pour le vol présidentiel, avec une petite cabine et une table de salle à manger[1]. Dans ce cas, c'est l'aide de camp qui vient annoncer aux heureux élus, qui en rougissent de fierté, qu'ils sont conviés à déjeuner ou à dîner avec le Président. Le lieutenant-colonel Thierry Cambournac, puis le lieutenant-colonel

1. L'Airbus présidentiel A330 sera mis en service en 2010.

Peer de Jong[1], le capitaine de frégate Yann Tainguy puis le lieutenant-colonel de l'armée de l'air Xavier Laure, vont être pour moi, tout au long de ces quatre années, des partenaires indispensables.

Pour tout ce qui touche à la sécurité, j'ai deux interlocuteurs. Le groupe de sécurité de la présidence de la République (GSPR), créé par François Mitterrand en 1983 et composé uniquement de gendarmes jusqu'en 1995[2], assure la sécurité personnelle du chef de l'État. Son commandant, Michel Fortemps de 1993 à 1995, Jean-Marie Gutknecht ensuite, participe aux missions préparatoires. En accord avec les services de sécurité du pays qui nous accueille, un nombre, négocié avec eux, de représentants du GSPR accompagnent le Président. La sécurité, au sens large, de l'ensemble de la délégation, incombe au Service de protection des hautes personnalités, que dirigent René-Georges Querry puis, à partir de 1995, Patrick Bardey. Le service, dit à l'origine des Voyages officiels, a été créé en 1935, après l'assassinat à Marseille, l'année précédente, du roi de Yougoslavie Alexandre Ier et du ministre des Affaires étrangères Louis Barthou, drame qui avait révélé de graves défaillances dans l'organisation des services de sécurité. Mes collègues du SPHP se mettent d'accord, dans le détail, avec leurs homologues du pays visité sur toutes les questions de sécurité, de transport sur place et d'hébergement.

Évelyne Richard, au service de presse, a une expérience, une autorité et un savoir-faire unanimement reconnus. Elle est entrée à l'Élysée après l'élection de

---

1. Auteur de « *Vous n'oublierez rien, Colonel* », Tallandier, 2017.
2. Jacques Chirac modifiera le dispositif : gendarmes et policiers composeront le GSPR par moitié.

Georges Pompidou, et restera au même poste pendant près de cinquante ans, sous sept présidents, Emmanuel Macron offrant en son honneur une grande réception de départ. Dans les déplacements présidentiels à l'étranger, son rôle est d'organiser sur place le travail de la presse présidentielle : aménagement d'une salle de presse ; moyens de liaison avec Paris par lignes internationales dédiées (le portable n'est pas encore développé) ; hébergement (si possible dans le même hôtel que le Président, sinon le plus près possible) ; restauration. Plus que cela, elle a son mot à dire sur la fabrication du programme : le déroulement des moments forts d'une visite, l'horaire des discours à retransmettre en France, doivent être compatibles avec l'heure de bouclage à Paris pour les reportages radiotélévisés et les articles. Elle veille à ce qu'il y ait un intervalle suffisant entre deux prises de parole importantes.

Si le Président doit offrir à la résidence de notre ambassadeur une réception pour la communauté française, l'intendant de l'Élysée vient en appui du chef cuisinier de l'ambassade et fait charger dans les soutes de l'avion présidentiel ce qui est nécessaire pour donner à la réception une touche française et ne peut être trouvé sur place, vins et fromages essentiellement. Mes collaborateurs du Protocole venus avec moi finalisent avec leurs homologues les détails du projet de programme. Notre ambassadeur et son équipe sont tous sur le pont. Ils nous accompagnent partout. Leur connaissance du pays, leurs contacts et leurs conseils nous sont très précieux.

Deux médecins participent aux déplacements présidentiels.

Le Dr Claude Gubler est, depuis des années, le médecin personnel de François Mitterrand et de sa famille.

Le médecin-général Claude Kalfon, chef du service médical de la présidence de la République, assure la sécurité médicale du chef de l'État et de l'ensemble de la délégation. Pendant la mission préparatoire, il arrête avec ses homologues les dispositions nécessaires pour le cas où une hospitalisation d'urgence, ou un rapatriement sanitaire du Président ou de tel ou tel membre de la délégation, seraient nécessaires. En attendant, c'est grâce au comprimé de Stilnox qu'il nous distribue dans l'avion que nous dormons un minimum, et pouvons être opérationnels dès l'arrivée, malgré le décalage horaire.

La mission préparatoire se conclut par une grande réunion que préside mon homologue du pays, en présence de tous les services concernés et de notre ambassadeur. Elle nous permet de reprendre un par un tous les sujets, longuement, sans rien laisser dans le flou. Après le retour à Paris de la mission préparatoire, l'ambassadeur et ses collaborateurs assureront le suivi, en liaison étroite avec Paris, jusqu'au jour de la visite présidentielle. Dans les tout derniers jours, le SPHP leur enverra un « échelon précurseur ».

Les manuscrits coréens

La visite d'État en Corée est le second déplacement que je prépare en Asie pour le président de la République. Je l'ai accompagné à Tokyo, début juillet 1993, pour le sommet du G7, présidé par le Premier ministre Kiichi Miyazawa. François Mitterrand y avait rejoint Bill Clinton, Helmut Kohl, John Major, Carlo Azeglio Ciampi, l'éphémère Première ministre du Canada Kim Campbell, et Jacques Delors. Le sommet s'était concentré sur un nombre limité de sujets, pour favoriser des échanges approfondis. La Bosnie avait beaucoup occupé les chefs d'État et de gouvernement, avec l'instauration de zones de sécurité pour protéger les populations, la France ayant déjà envoyé à cette fin 5000 hommes sous le drapeau des Nations unies. Le maintien de l'embargo sur les livraisons d'armes aux Musulmans, pour empêcher, par contagion, une déflagration, avait été imposé aux États-Unis qui en demandaient la levée. Le GATT avait été un autre grand sujet.

Le Président était l'invité d'honneur du dîner offert par l'empereur en l'honneur des chefs de délégation. Au palais impérial, il n'avait le droit qu'à deux accompagnateurs, et il avait désigné son aide de camp et son chef du

Protocole. Dans la grande limousine japonaise qui sillonne les belles avenues du centre de Tokyo, le Président, qui se rappelle m'avoir interrogé à Québec sur mes origines, me dit : « On est loin de Vendôme, n'est-ce pas ? » et il me raconte que son père, Joseph Mitterrand, avant de reprendre la vinaigrerie familiale de Jarnac, a commencé une première carrière dans les chemins de fer, comme jeune stagiaire auprès du chef de gare de Blois.

La visite à Séoul (14-16 septembre 1993) est la première en Corée d'un chef d'État français. François Mitterrand s'intéresse depuis longtemps à la problématique coréenne. En février 1981, encore premier secrétaire du Parti socialiste, il a visité Pyongyang[1] à l'occasion d'un voyage en Chine, à une époque où Kim Il-sung, qu'il était un des très rares responsables politiques occidentaux à avoir rencontré, tentait une réconciliation avec la Corée du Sud. « Je désapprouve et condamne, avait-il alors déclaré, une séparation féroce, cruelle, impitoyable. » À Séoul, il veut saluer une Corée du Sud devenue démocratique après la longue période de dictature de Park Chung-hee, apporter l'appui de la France au premier président civil, Kim Young-sam, élu six mois avant, et saluer l'impressionnante performance économique de ce « dragon asiatique » qui, en quelques décennies, est passé du statut de pays en développement à celui de puissance industrielle, technologique, scientifique, de niveau européen.

Comme c'est le cas pour toutes ses visites d'État, Mme Mitterrand accompagne le Président. Je la rencontrerai peu au cours de ces deux années. Elle ne vient à l'Élysée que pour certaines circonstances officielles

1. Avec une délégation comprenant Gaston Defferre, Lionel Jospin, Jean-Marie Cambacérès et Serge Moati.

(dîners d'État principalement) et n'occupe pas les bureaux réservés à l'épouse du Président au rez-de-chaussée du palais. Quand j'ai pris mes fonctions, c'est au siège de la fondation France-Libertés, place du Trocadéro, qu'elle m'a reçu, et c'est de sa fondation qu'elle m'a surtout parlé. Mon interlocutrice sera son chef de cabinet, Simone Pallot-Graillot, qui participe à la mission préparatoire et propose à l'épouse du chef de l'État un programme particulier de visites et de rencontres correspondant à ses centres d'intérêt.

À Séoul, Évelyne Richard signale en réunion de clôture avec nos homologues que la sécurité coréenne refuse d'escorter le bus des journalistes français, ce qui veut dire qu'ils arriveront en retard à tous les événements. La sécurité coréenne en fait une question de principe et refuse toute dérogation. Mon collègue coréen mesure vite le risque, pour l'image de la Corée, d'avoir une presse française mécontente de ses conditions de travail. Il y met bon ordre.

La délégation est nombreuse et de très haut niveau : quatre ministres, dont Alain Juppé, ministre des Affaires étrangères, et 31 invités personnels : personnalités politiques (Édith Cresson, Pierre Joxe), grands patrons (Pierre Bilger, Louis Gallois, Noël Forgeard), représentants du monde de la culture (Jean-François Jarrige, président du Musée Guimet, Daniel Toscan du Plantier). La vedette du voyage est incontestablement Sophie Marceau, très populaire en Corée. Plusieurs membres de la délégation m'appellent avant le départ pour me demander si je peux les placer dans l'avion à côté d'elle.

La visite permettra de réaffirmer l'importance politique que nous attachons à la paix dans la péninsule coréenne et d'inaugurer le pavillon français de l'Exposition internationale de Taejon. Nous espérons surtout qu'elle favorisera la signature d'un très gros contrat de livraison de TGV entre Alstom et les chemins de fer coréens, pour la ligne Séoul-Pusan. Les Coréens, de leur côté, attendent de la France qu'elle leur restitue enfin les 287 manuscrits royaux pillés par la marine française sous le Second Empire, en représailles d'un massacre de missionnaires chrétiens. Ramenés à Paris, et conservés depuis à la Bibliothèque nationale, ils relatent l'histoire de la dynastie Joseon, qui a régné sur la Corée de 1392 à 1910. Les gouvernements coréens en ont régulièrement réclamé la restitution, sans résultat, la partie française leur opposant chaque fois le principe de l'inaliénabilité de notre patrimoine. Dans les jours qui précèdent la visite d'État, les Coréens font monter la pression : pas de manuscrits, pas de TGV. François Mitterrand décide quelques jours avant le départ qu'il remettra à titre symbolique un manuscrit, sous forme de dépôt et prêt de longue durée, le reste pouvant suivre si le contrat TGV est signé. Dans l'avion, Édith Cresson propose à ses voisins un principe de négociation simple : « un TGV, un manuscrit ».

La visite à Séoul commence par une cérémonie traditionnelle au cimetière national. Selon le protocole coréen que nous avons transcrit dans notre livret, « le Président et Madame Mitterrand se voient présenter des gants blancs. Le Président s'immobilise devant le brûle-encens, prélève quelques paillettes d'encens dans la vasque et les jette dans le brûle-encens. Le chef de l'État répète son geste trois fois. Madame Mitterrand reprend le même cérémonial ». Le lendemain, avant de se rendre en hélicoptère à Taejon, le Président s'arrête à Suwon pour fleurir le monument érigé à la mémoire des soldats du bataillon français tués pendant la guerre de Corée, entre 1950 et 1953. Le surlendemain, est ajoutée au discours à l'Assemblée nationale, *in extremis*, la cérémonie de remise du manuscrit.

Cela ne s'est pas fait sans mal. Le matin même, sont arrivées de Paris la directrice générale de la Bibliothèque nationale et la responsable des manuscrits orientaux. Elles ont appris de leur directeur général, Emmanuel Le Roy Ladurie, au tout dernier moment, qu'elles devaient rejoindre d'urgence le président de la République à Séoul pour, selon ce qui leur a été dit, « présenter » aux Coréens un exemplaire des manuscrits, rien de plus. Elles en ont déduit qu'elles le ramèneraient à Paris le soir même. À l'escale de Tokyo, elles apprennent par la presse internationale que le président français va « restituer » le manuscrit à la Corée. Elles comprennent qu'elles ont été flouées. À leur arrivée à Séoul, elles refusent de remettre à notre ambassadeur, Bernard Prague, la mallette de bois contenant le précieux document. Il ne reste que quelques heures avant la cérémonie, qui est très attendue par l'ensemble des médias coréens. Dans le hall de l'hôtel Lotte, où nous résidons tous, Alain Juppé demande aux deux représentantes de la Bibliothèque nationale de lui remettre la mallette. Elles refusent. Elles disent ne pouvoir accepter d'instructions que du ministre de la Culture, qui ne fait pas partie du voyage. Alain Juppé s'impatiente : « Je vous rappelle que je suis ici le représentant du gouvernement ! »

Le ministre me demande d'appeler Jacques Toubon. Avec le décalage horaire, je le réveille tôt à Paris. Alain Juppé lui passe les deux conservatrices. Le ministre de la Culture leur demande de nous remettre la mallette. Elles tentent une dernière fois de s'opposer à une instruction qui, pour elles, bafoue un principe fondamental : tout ce qui est conservé aux Archives nationales est inaliénable.

Deux logiques, aussi respectables l'une que l'autre, entrent alors en collision frontale : l'éthique des conservateurs d'archives, confortée de surcroît par la loi, et la raison d'État. Les conservatrices finissent par céder. Elles sont bouleversées. L'une d'elles fond en larmes. Elles me remettent finalement la précieuse mallette. Je monte aussitôt à l'étage du Président, pour m'apercevoir que ladite mallette a été fermée avec une clef que les deux conservatrices ont gardée. Peu importe, le gendarme du GSPR force la serrure. Par lui, en contact avec ses collègues policiers du rez-de-chaussée, le Président a suivi toutes les péripéties, et elles le mettent en joie. Quand j'entre dans sa suite pour lui présenter le fameux manuscrit, emballé avec un papier défraîchi qui remonte peut-être au Second Empire, il me demande, narquois : « Vous n'avez pas trouvé de souris, au moins ? »

La cérémonie de restitution ouvre tous les journaux télévisés, et elle a un écho considérable dans toute la Corée. Face à une très forte concurrence japonaise, la France obtiendra le TGV, et la première ligne sera inaugurée en 2004. Mais la Corée devra attendre la visite de Nicolas Sarkozy, en 2010, à l'occasion d'un sommet du G20, pour obtenir la restitution des 296 autres manuscrits encore à la BNF, sous forme de « prêt de longue durée », renouvelable tous les cinq ans, formule qui sauve les apparences de l'inaliénabilité.

Le faucon de Riyad

Sur la foi d'un intermédiaire menant depuis des mois avec l'Arabie Saoudite des négociations occultes, M. Balladur estime que le terrain est mûr pour une visite officielle à Riyad qui se conclura, lui a-t-on assuré, par la signature de plusieurs très gros contrats d'équipement militaires (missiles, frégates, hélicoptères) et civils (renouvellement de la flotte de Saudia Airlines), en pourparlers depuis des années. Notre ambassadeur, Jean Bressot, très bon connaisseur du monde arabe, est beaucoup plus circonspect. Il met Paris en garde : les contrats ne sont pas prêts. Il fait comprendre aussi que les Saoudiens n'apprécient pas trop la brièveté de la visite (8-9 janvier 1994,) avec une arrivée en fin d'après-midi et un départ dès le lendemain matin, ce qui n'est pas correct dans un pays arabe. Pour Matignon, l'affaire paraît cependant bien enclenchée. La date de la visite est confirmée assez tard et une mission préparatoire à Riyad est jugée inutile, tellement le programme est simple. Il se déroulera dans deux endroits seulement : le palais royal pour les entretiens, le dîner officiel et la conférence de presse ; la résidence de notre ambassadeur pour la réception de la communauté française.

Dans l'avion du Premier ministre, les collaborateurs des ministres de la Défense et de l'Industrie, François Léotard et Gérard Longuet[1], sont tellement sûrs de leur affaire qu'ils distribuent aux journalistes des fiches donnant le détail de ces contrats.

Quelques jours avant notre départ, le cabinet du ministre de la Défense m'avait dit que M. Léotard souhaitait offrir à son collègue saoudien, le prince Sultan, un cadeau personnel qui puisse lui faire plaisir. Le prince, croit-on à Paris, est grand chasseur, et nous allons emmener à Riyad un faucon français, transporté par un sous-officier maître fauconnier, pour lesquels il m'est demandé de prévoir deux sièges. Je suis frappé par la silhouette chétive de ce petit oiseau, alors que les faucons du désert photographiés dans tous les reportages sur les chasses royales saoudiennes sont superbes, avec parfois un brin d'arrogance. M. Léotard me demande de prévoir une petite cérémonie pour la remise du cadeau. Dès notre arrivée, je transmets son souhait à mon homologue saoudien, que je trouve particulièrement renfrogné, mal disposé à notre égard, et que je dérange dans sa sieste. Il me regarde avec agacement et surtout commisération, comme quelqu'un qui aurait dû le savoir : le prince Sultan ne chasse plus. « *Bring me the bird, and I will see what I can do with it.* » Il n'en fit rien. Remis comme demandé par le maître fauconnier, le faucon disparut. La visite commençait mal.

L'accueil des autorités saoudiennes à Riyad est courtois, sans plus. Nous avons l'impression dès notre arrivée que quelque chose cloche. Les discussions entre ministres n'aboutissent pas. Le grand dîner n'est pas offert comme

1. Alain Juppé ne participe pas à ce voyage.

prévu par le roi Fahd, dont mon homologue me dit qu'il ne se sent pas bien, mais par le prince héritier en son nom. Éclairé par un néon blafard, le repas est sinistre. Nos voisins de table saoudiens ont surtout envie de parler entre eux. Nous sommes dans une totale incertitude sur l'heure de l'audience royale, si elle a lieu. Je ne reçois qu'à la fin du dîner la confirmation de l'entretien que le roi, finalement, accordera au Premier ministre, très tard dans la nuit, ce qui n'est pas l'horaire préféré de M. Balladur.

La visite est un échec sur toute la ligne. M. Balladur annule la conférence de presse prévue le lendemain matin et souhaite pouvoir regagner Paris le plus vite possible. Comme les princes saoudiens ne sont pas des lève-tôt et que le prince Sultan veut, par courtoisie, saluer le Premier ministre à l'aéroport avec les honneurs militaires, nous devons attendre le milieu de la matinée pour quitter Riyad.

Le hasard fait que de graves inondations frappent depuis la veille la Camargue et la basse vallée du Rhône. Le Premier ministre décide de s'y arrêter au retour. Une interview était programmée au journal du soir de TF1 pour présenter les brillants résultats du voyage saoudien. Elle est remplacée par un reportage inespéré sur sa visite aux populations sinistrées.

L'hommage de la France
à Félix Houphouët-Boigny

L'événement (7 février 1994) est à la hauteur de ce que le premier président de la République de Côte-d'Ivoire, qui a dirigé son pays pendant trente-trois ans, représentait pour l'Afrique et pour la France.

Instituteur formé à l'École normale William-Ponty de Gorée, puis major de l'École de santé publique d'Afrique occidentale, il exerce à l'hôpital d'Abidjan avant de fonder le syndicat ivoirien des petits planteurs de café et de cacao, pour leur permettre de commercialiser et d'exporter sans passer par les circuits des grands planteurs européens.

Félix Houphouët-Boigny a participé très activement à la vie politique française. En 1945, il siégeait à l'Assemblée constituante de la IVe République, où chacune de nos colonies avait délégué deux députés, un Européen et un Africain. Il fut à l'origine de la loi de 1946 interdisant le travail forcé dans les territoires d'outre-mer. En 1952, les députés de son parti, le Rassemblement démocratique africain, avaient adhéré à l'UDSR de François Mitterrand et renforcé son assise parlementaire lorsqu'il était ministre de la France d'outre-mer (1950-1951).

À partir de 1956, Houphouët fait partie de plusieurs gouvernements français. Avant lui, Blaise Diagne, député de Saint-Louis du Sénégal, avait été le premier Africain à exercer des responsabilités ministérielles à Paris, comme sous-secrétaire d'État aux Colonies de Pierre Laval, mais une fois seulement, et pour une courte période (1931-1932). Félix Houphouët-Boigny fit en France une véritable carrière politique. Il siégera dans tous les gouvernements de la IVe République, comme ministre délégué à la présidence du Conseil, puis ministre de la Santé (il était donc responsable, par exemple, des créations de CHU en métropole) et enfin ministre d'État. Il est l'un des signataires de la Constitution de la Ve République. Dans le gouvernement de Michel Debré, Félix Houphouët-Boigny est, dans l'ordre protocolaire, le premier des ministres d'État, et il le restera jusqu'en 1961. Aucun des ministres africains des gouvernements français n'a eu de carrière comparable[1].

C'est pourquoi François Mitterrand a invité à l'accompagner à Yamoussoukro, pour les obsèques du président ivoirien, son prédécesseur, Valéry Giscard d'Estaing, Édouard Balladur, et sept anciens Premiers ministres : Pierre Messmer, Jacques Chirac, Raymond Barre, Pierre Mauroy, Laurent Fabius, Michel Rocard, Édith Cresson. Le président de la République, M. Giscard d'Estaing et six anciens Premiers ministres voyagent à bord d'un Concorde spécial d'Air France. M. Balladur effectue le déplacement à bord d'un Airbus, qui transporte également Pierre Messmer, Jacques Chirac, l'amiral de Gaulle, Michel Roussin et Jacques Foccart.

Aucune délégation française de ce niveau ne s'est jamais déplacée à l'étranger dans un tel format. Comme

1. Léopold Sédar Senghor siégera dans le premier gouvernement de Michel Debré (1959-1961) comme « ministre conseiller » sans portefeuille.

il le fait pour tout voyage officiel, le Protocole place chaque haute personnalité dans la cabine selon son rang protocolaire. Mais, la veille du départ, mes collaborateurs et moi recevons plusieurs appels. Dans le Concorde, le président Giscard d'Estaing ne souhaite pas avoir de voisin. Édith Cresson ne veut pas être assise à côté de Michel Rocard. Les deux anciens ambassadeurs qui se sont succédé en Côte-d'Ivoire, Jacques Raphaël-Leygues et Michel Dupuch, refusent de voyager l'un à côté de l'autre. Nous rectifions le plan de cabine. Le Président l'a su par les officiers de sécurité. Quand je l'accueille au pavillon d'honneur de Roissy, où il va saluer l'auguste délégation, il me demande d'un air narquois, en connaissant parfaitement la réponse : « Alors, vous n'avez pas eu trop de problèmes avec le placement de mes invités ? » À l'avant de la cabine du Concorde, un espace de travail a été aménagé pour le Président. Il invite pendant le vol, pour le petit déjeuner, Valéry Giscard d'Estaing et Édith Cresson. Laure Adler, qui prépare un livre sur la dernière année du septennat, lui demandera sur quels critères il a fait ce choix. Le Président l'a expliqué aux deux intéressés : « Je vous ai invités car vous seuls, dans cet avion, êtes de véritables originaux. » Perplexité des deux invités. « Oui, vous, monsieur le Président, êtes le seul de votre espèce à avoir été président de la République, et vous, Édith, êtes la seule femme à avoir été Premier ministre. J'ai donc jugé que vous aviez droit à des égards particuliers. » Le Président conviera ensuite, pour un café, Jacques Delors, président de la Commission européenne, « seul aussi de son espèce[1] ».

1. Laure Adler, *L'Année des adieux, op. cit.*

Lors de la mission préparatoire effectuée avec Bruno Delaye, conseiller du Président pour l'Afrique, je me dis que ce groupe au format exceptionnel ne va pas être facile à gérer. Mais tout devient simple, sur place, grâce à mon collègue Georges Ouégnin, directeur du Protocole d'État ivoirien. En poste depuis trente-quatre ans déjà, il est lui aussi hors normes. Un jour, en 1960, très peu de temps après l'indépendance, le cortège du président Houphouët-Boigny, passant devant le garage Renault d'Abidjan, est pris dans un de ces embouteillages dont les grandes métropoles africaines avaient déjà le secret. Un jeune homme décidé, chef du service du contentieux de Renault, sort aussitôt, met de l'ordre, débloque la circulation en quelques minutes, et le cortège repart. Le tout nouveau chef de l'État, bluffé par son efficacité, le convoque et lui propose sur-le-champ de devenir son chef du Protocole. Georges Ouégnin a vingt-six ans. Il restera à ce poste jusqu'en 2001, battant le record mondial de longévité dans ces fonctions. Il fait merveille dans l'organisation des grands événements. Il est omniprésent et assez atypique, sifflant ses collaborateurs, apostrophant d'un claquement de doigts un ministre qui ne s'est pas installé à la bonne place, guidant par des gestes sémaphoriques un groupe de chefs d'État réunis pour un sommet régional. Dans les reportages télévisés, il est toujours au premier plan, à côté de son président. Bref, il n'incarne pas tout à fait la discrétion de règle au Protocole, ni cette obligation que nous avons de nous effacer au maximum et de disparaître sur le côté dès que nous voyons une caméra. Mais il n'y a pas plus efficace, fiable, francophile, et il nous aide bien.

La cérémonie religieuse à la mémoire du président défunt a lieu dans la basilique Notre-Dame-de-la-Paix, que Félix Houphouët-Boigny a fait construire sur le modèle de Saint-Pierre de Rome. La démesure de cette architecture et le coût de ce projet ont fait polémique. Le pape Jean-Paul II s'est fait tirer l'oreille pour consacrer la basilique. Il a finalement accepté, à condition qu'un hôpital soit construit à proximité. Mais il faut bien reconnaître que le résultat est très impressionnant. Les volumes sont majestueux et les vitraux, réalisés par des maîtres verriers français, magnifiques. Le cercueil du président défunt, drapé dans les couleurs nationales, vert, blanc et orange, est salué par une foule considérable, qui n'en finit pas – par des chants, des danses, des prières – d'essayer de se séparer de son papa bienfaiteur, qui assura jusqu'à sa mort la cohésion de son pays. Il est déposé sur le parvis entre deux haies de chefs coutumiers en larmes. Lorsqu'il entre dans l'église, une jeune Ivoirienne, très émue, chante *a cappella* l'*Ave Maria* de Gounod. La messe, de trois heures, est concélébrée par le cardinal béninois Bernardin Gantin, doyen du Sacré Collège, et par tous les évêques du pays.

Toute l'Afrique francophone a fait le déplacement, et tous ceux qui comptent en Côte-d'Ivoire sont présents. Georges Ouégnin a réservé à notre délégation un placement très privilégié, faisant en sorte que personne ne soit derrière un pilier. Il a respecté l'ordre protocolaire des nombreux chefs d'État, mais s'est arrangé pour que François Mitterrand ne soit pas placé à côté de Mobutu, devenu avec la mort d'Houphouët le doyen d'âge des chefs d'État africains. En raison de son comportement antidémocratique, de sa corruption et de sa gestion économique calamiteuse, nos relations avec le président zaïrois se sont beaucoup détériorées. Pendant la mission préparatoire, après avoir essayé avec Georges Ouégnin plusieurs emplacements dans la basilique, nous en avons choisi un, très convenable, pour M. Balladur, très proche de la rangée des chefs d'État.

Avant de repartir, François Mitterrand et Édouard Balladur réunissent les chefs d'État de la Zone franc pour leur présenter le projet français de dévaluation du franc CFA, devenue indispensable pour le redressement de leurs économies, mais sujet politiquement très délicat.

Les facéties du Protocole ouzbek

Après l'effondrement de l'Union soviétique, François Mitterrand décide de développer nos liens avec les nouvelles républiques indépendantes d'Asie centrale. Il veut à la fois encourager ces régimes autoritaires à évoluer vers la démocratie et aider nos entreprises à saisir les opportunités que leur offre leur politique d'ouverture économique. Il a reçu leurs dirigeants à Paris. La France est le premier État de la CEE à avoir reconnu le Kazakhstan après son indépendance, et Noursoultan Nazarbaïev a signé à l'Élysée, en septembre 1992, un traité d'amitié et de coopération. Le Président profite de son voyage en Corée, au retour, pour lui rendre sa visite[1]. Quinze accords de coopération sont signés. Elf Aquitaine, pour l'exploration d'un gisement pétrolier, et Bouygues, pour la construction du palais présidentiel, concluent de très gros contrats. Une liaison directe est ouverte entre Paris et Almaty. Le Président encourage les Kazakhs à choisir la voie de la coopération avec leurs voisins d'Asie centrale dans le cadre de la Communauté des États indépendants. Les questions nucléaires et de non-prolifération sont

1. 16-17 septembre 1993.

longuement discutées. C'est depuis le Kazakhstan que l'URSS effectuait, à Baïkonour, ses lancements de vols spatiaux et, à Semipalatinsk, ses essais de missiles intercontinentaux à ogives nucléaires.

François Mitterrand poursuit le printemps suivant ses voyages en Asie centrale en se rendant en Ouzbékistan et au Turkménistan (25-29 avril 1994). Ces déplacements ont été préparés sur le fond par Roland Dumas. Comme il en a fixé le principe au début de la cohabitation, le Président est accompagné pour ses visites d'État par deux membres du gouvernement, désignés par Matignon. Pour l'Ouzbékistan, ce sont Nicolas Sarkozy, ministre du Budget et porte-parole, et Alain Lamassoure, ministre délégué aux Affaires européennes. Au Turkménistan, Hervé de Charette, ministre du Logement, prendra le relais de son collègue du Budget. Nous faisons le vol Séoul-Tachkent en Concorde. L'aéroport d'Achgabat n'étant pas équipé pour recevoir cet appareil, il restera positionné à Tachkent, et nous ferons l'aller et retour Ouzbékistan-Turkménistan en Falcon 900.

À l'arrivée à Tachkent, le Président est accueilli par Islam Karimov, qui dirige l'Ouzbékistan avec une poigne de fer. Il fait un effort pour sourire, mais il montre la plupart du temps un visage dur, fermé, et on a l'impression que tout le monde, autour de lui, a peur. Bordée de tristes immeubles d'architecture soviétique, la très large avenue, conduisant de l'aéroport à la résidence vieillotte qui hébergera le Président, a été vidée de toute circulation dans les deux sens. Les commerçants sont assignés à résidence à l'intérieur de leurs magasins. Les entretiens politiques permettent à Karimov de faire part des inquiétudes que suscite dans son pays la situation en Afghanistan, où les moudjahidine ont pris le pouvoir après le retrait, en 1989, des forces soviétiques d'occupation, avec le risque d'exportation vers l'Asie centrale d'un islamisme radical. Comme à Almaty, les infrastructures soviétiques sont vieillissantes, et les projets de modernisation intéressent beaucoup nos entreprises, dont les dirigeants accompagnent le Président. Là encore, de gros contrats sont signés (raffinerie de pétrole de Boukhara, aéroport de Tachkent, contrôle aérien). La question de l'assèchement de la mer d'Aral sera étudiée par des équipes scientifiques franco-ouzbèkes.

La visite est fructueuse, mais le Protocole ouzbek me joue deux mauvais tours.

Depuis son indépendance, l'Ouzbékistan, comme les autres républiques d'Asie centrale, réhabilite son passé présoviétique, et le président Karimov attache une importance symbolique à ce que les chefs d'État étrangers honorent la mémoire du grand écrivain et linguiste du XVIe siècle, Mir Alicher Navoï, en déposant une gerbe au pied de son mémorial. Celui-ci est situé au sommet d'une colline. Le long cortège officiel s'arrête en contrebas. Seuls les deux présidents montent au mémorial en voiture, tous les autres suivent à pied. Je m'aperçois alors que l'ordre protocolaire de la délégation française, communiqué à mon homologue lors de la mission préparatoire, n'a pas du tout été respecté (Président, ministres, ambassadeur, collaborateurs du Président, autres membres de la délégation officielle). Nous appliquant leur propre conception de l'ordre des préséances, qui fait la part belle à « l'appareil présidentiel », les Ouzbeks ont fait passer les collaborateurs directs de notre Président (le général Quesnot, Anne Lauvergeon, Jean Musitelli, Jean Vidal) avant nos ministres. Lorsque Nicolas Sarkozy et Alain Lamassoure descendent de leur voiture, ils doivent courir pour rattraper les deux présidents. Mais c'est trop tard, ils ont raté la cérémonie, le cortège présidentiel redescend déjà de la colline et ils croisent les deux chefs d'État.

Bien que je n'aie aucune prise sur un protocole étranger, Nicolas Sarkozy me reproche vivement ce loupé. Il me fait observer que sa voiture venait dans le cortège après l'ambulance. Il en est d'autant plus irrité que, le matin même, le Protocole ouzbek a séparé les ministres français du Président pour le déplacement à Khiva, très ancienne cité musulmane inscrite au patrimoine mondial de l'UNESCO. Les deux chefs d'État voyageaient à bord de l'avion du président Karimov, tandis que MM. Sarkozy et Lamassoure étaient transportés à bord d'un vieil appareil soviétique, inconfortable, une vraie bétaillère, et, pour le trajet de retour, ils ont dû laisser leur place à des personnalités locales et s'installer au fond de l'avion avec la sécurité ouzbek.

Pour cette deuxième soirée à Tachkent, j'avais demandé à mon homologue ouzbek de nous laisser le dîner libre. Le Président m'avait donné des consignes très claires : il souhaitait inviter à la résidence de notre ambassadeur ses plus proches collaborateurs et ses invités personnels. Il m'avait demandé de prévoir deux dîners parallèles pour les deux ministres. Nous avions donc organisé avec les Ouzbeks un dîner de travail réunissant leur ministre de l'Économie, M. Sarkozy et les chefs d'entreprise français. M. Lamassoure avait de son côté un dîner avec un groupe de parlementaires membres du groupe d'amitié Ouzbékistan-France, et favorables à un rapprochement avec l'Union européenne. Nos deux ministres avaient été informés, bien avant la visite, du schéma arrêté par le Président.

Le soir dit, à l'issue de sa conférence de presse en présence des deux ministres, le Président, devant moi, demande à M. Sarkozy s'il est libre à dîner. Il sait parfaitement que non. Le ministre du Budget répond qu'il ne pense pas avoir d'autre engagement. Il sait parfaitement qu'il en a un, mais il préfère visiblement dîner à la table du chef de l'État. « Tant mieux, lui dit devant moi le Président, car sur la liste qui m'a été soumise pour ce dîner, votre nom a été rayé, mais rageusement ! » Bien évidemment, je me garde de tout commentaire... Il ne me reste qu'à exécuter, réorganiser et faire vite, car les trois dîners ont lieu une heure plus tard. Les chefs d'entreprise venus de Paris sont mécontents car ils comptaient sur M. Sarkozy pour plaider leurs dossiers auprès du ministre de l'Économie ouzbek. Mon homologue est très inquiet à la perspective de devoir annoncer à celui-ci que M. Sarkozy lui fait faux bond. Sachant la crainte qu'inspire Karimov à ses ministres, je lui dis que notre Président a, non pas invité, mais convoqué son ministre du Budget à dîner. Mon homologue part rassuré : il a le bon argument !

Alain Juppé, qui ne faisait pas partie du voyage, me convoque à mon retour à Paris. Nicolas Sarkozy l'a appelé, très mécontent, pour se plaindre du traitement protocolaire qui lui avait été réservé en Ouzbékistan. J'explique à mon ministre ce qui s'est passé. Il admet volontiers que, à l'étranger, même si la mission préparatoire a tout regardé de très près, nous sommes entre les mains du protocole local pour le déroulement de la visite le jour J. Je ferai de mon mieux pour que ce type d'incident ne se reproduise pas. Mais, faisant allusion à l'épisode du dîner présidentiel de Tachkent, et au trajet du lendemain vers Achgabat, avec un Falcon 900 pour le Président et ses collaborateurs, et un Falcon 50 pour les ministres, M. Sarkozy s'est plaint aussi du traitement qui leur a été réservé, préférence ayant été donnée par le Président à ses collaborateurs sur les membres du gouvernement. Alain Juppé me demande de dire « à qui de droit » que si les ministres de la cohabitation ne sont pas mieux traités dans les futurs voyages présidentiels, ils n'y participeront plus. Lors de ma prise de fonctions, Hubert Védrine m'avait demandé de lui signaler sans délai tout problème protocolaire concernant la cohabitation. Je lui rends compte. Il estime que les ministres ont raison. Il en parlera au Président. Il me promet que la question sera réglée pour les voyages suivants. Elle le sera.

L'inauguration du tunnel sous la Manche

Ce 6 mai 1994 est une journée historique, car le projet de tunnel sous la Manche remonte loin dans le temps. Une première étude a été faite sous le Consulat. Le projet fut repris à la demande de Napoléon III et de la reine Victoria. En 1873, deux kilomètres furent creusés à partir de Sangatte. Il y eut d'autres tentatives. Aucun des projets n'avait abouti, pour des raisons diverses, guerres napoléoniennes, objections des militaires, coût trop élevé, jusqu'à ce que Georges Pompidou et Edward Heath reprennent l'idée à leur compte et signent en 1973 le traité de Chequers, qui décide du lancement des travaux, abandonnés deux ans plus tard en raison de fortes oppositions dans l'opinion britannique. Je me souviens bien de cet épisode, car je servais à l'époque à la direction des affaires juridiques du Quai d'Orsay, et mon directeur, Guy de Lacharrière, m'avait désigné pour faire partie de l'équipe française de négociation du traité.

François Mitterrand relance le projet en 1981. C'est une étape décisive. Le choix d'un tunnel ferroviaire, parmi plusieurs options, est acté en 1986 par la signature, avec Mme Thatcher, du traité de Canterbury. Les travaux dureront huit ans.

Cette journée est aussi très chargée. Elle commence par l'inauguration du terminal Eurostar de la gare du Nord, puis celle de la gare Lille-Europe, où le maire, Pierre Mauroy, accueille le président de la République et le Premier ministre Édouard Balladur. Ensuite, le Président et Mme Mitterrand se rendent à Coquelles, à l'entrée française du tunnel, pour accueillir la reine Elizabeth, le prince Philip et le Premier ministre John Major. Ils inaugurent avec eux le terminal Eurotunnel, puis le tunnel et, enfin, après l'avoir emprunté, le terminal de Cheriton côté britannique. Nous avons eu maintes séances de travail et missions de repérage entre Français, avec déplacements à Lille et réunions avec la SNCF, puis une grande répétition générale, à Coquelles, avec le secrétaire privé de la reine et l'équipe du Protocole royal et de la sécurité venue de Londres. Il fallut régler quelques jours avant le problème sérieux que posait l'impossibilité de joindre le Président pendant les vingt minutes de la traversée du tunnel. Nous étions dans un monde d'ingénieurs, tout fut arrangé dans les temps, et leur précision était rassurante pour ceux qui avaient en charge l'organisation.

La cérémonie d'inauguration de la gare de Lille-Europe se déroule dans un salon du premier étage. Pour y accéder, nous devons emprunter un très haut escalier mécanique. Au moment où je mets le pied sur la première marche, il tombe en panne. Derrière moi, une cohorte conduite par le président de la République et son épouse, suivis de M. Balladur, du Premier ministre belge Jean-Luc Dehaene et de Jacques Delors, président de la Commission européenne, qui inaugurent la liaison Eurostar Bruxelles-Lille-Londres. Le Président tourne vers moi un regard interrogateur. L'attente me semble interminable, mais, au bout de deux minutes, un technicien posté à proximité relance l'escalator. La SNCF a tout prévu !

Au premier étage, il est entendu que seules les plus hautes personnalités françaises et étrangères accompagnant le président de la République prendront place avec lui sur l'estrade où auront lieu les allocutions. Lors de la réunion de bouclage à Matignon, une instruction très claire m'a été donnée : il est hors de question que Mme Blandin soit sur la photo. Marie-Christine Blandin est la première femme, et le premier responsable issu des Verts, à présider un conseil régional. Elle s'est manifestée par des prises de position critiques à l'égard du gouvernement. Au demeurant, le conseil régional n'a pas été partie prenante dans la réalisation de ce grand projet. Mais à peine avais-je installé le petit groupe que Mme Blandin bondit sur l'estrade. FR3 Nord-Pas-de-Calais filme la cérémonie en direct, *La Voix du Nord* couvre bien sûr l'événement. Que puis-je faire ? Je ne peux pas demander à Mme Blandin de redescendre sans créer un incident aux yeux de tous. M. Balladur ne me dira rien.

Au déjeuner servi sous une tente à Coquelles, la reine remarque, dans un français parfait, que « c'est la première fois que des Britanniques ont pu venir sur le continent sans prendre le bateau ni l'avion ». Pour la traversée du tunnel à bord de la navette, et l'arrivée en Grande-Bretagne, le Président a accepté de prendre place avec la reine dans la Rolls-Royce royale grenat, ce à quoi son secrétaire privé m'avait dit dès notre première rencontre qu'elle tenait beaucoup. Mme Mitterrand et le prince Philip suivent à bord de la Citroën SM présidentielle. À l'arrivée à Cheriton, devant un parterre de personnalités britanniques, François Mitterrand rappelle que 1994 est l'année du 90e anniversaire de l'Entente cordiale, « puisqu'elle s'appelle ainsi, cette entente qui est en effet cordiale, enfin, presque toujours ». Avant même que Christopher Thiery n'interprète vers l'anglais, l'auditoire a tout compris, et c'est un grand éclat de rire.

Le 50e anniversaire du débarquement allié en Normandie

C'est l'événement le plus complexe que j'aie eu à organiser en quatre ans de Protocole, et la seule circonstance dans laquelle j'ai mal dormi la veille. Onze chefs d'État, dont la reine d'Angleterre, la reine des Pays-Bas, le président Clinton, Lech Walesa, et cinq chefs de gouvernement étaient présents. Le schéma de la journée était le suivant : les chefs d'État et de gouvernement arrivaient en Normandie en ordre dispersé, certains la veille, d'autres après une étape à Paris. Elizabeth II venait de Portsmouth à bord du yacht *Britannia,* à bord duquel elle avait invité aussi le grand-duc Jean de Luxembourg, le roi Harald de Norvège, les présidents de la République tchèque Václav Havel et de la République slovaque Michal Kováč, et les Premiers ministres John Major, Jean Chrétien (Canada), Paul Keating (Australie) et Jim Bolger (Nouvelle-Zélande). Ensuite, deux déjeuners parallèles étaient organisés. Les chefs d'État se retrouvaient à la préfecture de Caen pour le repas offert par le président de la République et les chefs de gouvernement à la sous-préfecture de Bayeux, à l'invitation du Premier ministre. Tous se rejoignaient ensuite pour une grande cérémonie militaire sur la plage d'Omaha Beach. Plusieurs cérémonies nationales étaient prévues afin d'honorer la mémoire des soldats de différentes nations, en présence, soit du président de la République, soit de M. Balladur, soit d'un membre du gouvernement : la reine Beatrix des Pays-Bas se rendait au cimetière militaire néerlandais de Pont-Audemer; le gouverneur général et le Premier ministre du Canada à Courseulles-sur-Mer puis Bény-Reviers; Lech Walesa à Urville-Langannerie; Harald de Norvège à Villons-les-Buissons. Après quoi, nos invités rentraient chez eux ou regagnaient Paris pour prolonger leur séjour en France.

La préparation de cette journée avait commencé un an plus tôt, sous l'autorité du ministre des Anciens combattants et victimes de guerre, Philippe Mestre, et nous avions eu plusieurs grandes réunions interministérielles à Matignon, sous la présidence de Pierre Mongin. Elle soulevait toute une série de problèmes logistiques, et d'abord celui du transport et de l'hébergement dans la région des milliers de vétérans alliés, âgés, souvent en fauteuil, venus avec leurs familles, mission assignée au ministère des Anciens combattants. Le rôle du Protocole était d'organiser pour chacun des chefs d'État et des Premiers ministres étrangers un programme individuel cohérent avec ceux des autres. Le minutage des cortèges, une vingtaine en tout avec ceux des hautes personnalités françaises, sur les petites routes de Normandie, avait été étudié à fond par le SPHP. J'avais relu très attentivement chacun des programmes. Tout avait été vérifié, revérifié sur le terrain. Mes collaborateurs avaient organisé des missions préparatoires collectives sur place avec les ambassades à Paris concernées.

Mais, dès le matin du jour J, les difficultés commencent.

Le président de la République quitte l'Élysée avec un retard de vingt minutes sur l'horaire prévu, impossible à rattraper sur une distance aussi courte que Villacoublay-Caen Carpiquet. Dans l'avion, il m'interroge sur le projet de plan de table que je lui ai soumis pour le déjeuner à la préfecture – ce qu'il n'a jamais fait jusqu'ici pour un repas officiel. « Qui est ce M. Ramon Hnatyshyn ? » Il le sait fort bien : c'est le gouverneur général du Canada. « Comment pouvez-vous placer à la même table la reine du Canada et son obligé ? » Je fais valoir qu'au Canada il a rang de chef d'État, et qu'il est reçu comme tel à l'étranger. Il n'est pas possible de l'inviter au déjeuner des chefs de gouvernement offert par M. Balladur à Bayeux, et auquel participera son Premier ministre, Jean Chrétien. Le Président n'insiste pas.

À notre arrivée à la base de Carpiquet, où le Président est accueilli par Édouard Balladur, Charles Pasqua, ministre de l'Intérieur, et Philippe Mestre, mon adjoint Guy Yelda, qui est sur place depuis la veille, me fait part aussitôt d'un problème. Bill Clinton est arrivé tôt le matin pour une cérémonie franco-américaine à la pointe du Hoc, Alain Juppé l'a salué, et le Président doit l'accueillir à l'aéroport de Caen. Mais comme le Président est en retard, Bill Clinton est déjà là, et nous devons éviter l'image du président des États-Unis accueillant le nôtre en territoire français ! Je me précipite au-devant de Bill Clinton, qui accepte avec humour d'être mis à l'abri sous une tente, en attendant que la cérémonie d'accueil soit préparée.

Ce problème réglé, un autre survient. L'ambassadeur de Grande-Bretagne, sir Christopher Mallaby, que je connais bien, vient me voir, très tendu. La BBC a prévu de retransmettre en direct, l'après-midi, après l'hommage international d'Omaha Beach, une cérémonie militaire purement britannique, consistant à faire défiler sur la plage d'Arromanches, devant la reine Elizabeth, des unités héritières des régiments qui avaient débarqué le 6 juin 1944. « Il ne vous échappera pas, cher Daniel, que ce défilé ne peut avoir lieu qu'à marée basse, pas quand la mer remonte. Or, nous avons maintenant vingt minutes de retard. J'ai regardé l'horaire des marées. Elles risquent de tout remettre en cause. Comment allez-vous faire pour les rattraper ? » Je contacte immédiatement l'intendant de l'Élysée, Patrick Morlot, un grand professionnel, qui a la responsabilité du déjeuner à la préfecture, où il s'est installé la veille. Nous convenons de trois choses : l'apéritif sera réduit à cinq minutes ; le fromage sera supprimé ; le café sera servi à table. Les vingt minutes étaient rattrapées. Je pouvais rassurer tout de suite le représentant de Sa Majesté : le défilé télévisé pourrait avoir lieu comme prévu.

Une autre difficulté se présente encore avant le déjeuner, et je pense à cette phrase de mon lointain prédécesseur de la IVe République, Jacques Dumaine : « J'appelle délassement l'intervalle de temps qui me sépare d'un nouvel embêtement. » Le Président et Mme Mitterrand accueillent leurs invités à l'extérieur de l'hôtel de la préfecture, devant le porche d'honneur. Les cortèges des chefs d'État sont supposés arriver toutes les deux minutes, dans l'ordre de préséance croissant, la reine Elizabeth, la plus ancienne dans ses fonctions, arrivant la dernière. Au début, tout va bien. Soudain, le bel ordonnancement se dérègle. Ce devrait être le tour de Václav Havel, mais plus aucun cortège ne se présente. Le directeur du Service de protection des hautes personnalités, René-Georges Querry, cherche à comprendre pourquoi, et appelle son équipe par radio. Le Président s'impatiente et me fait signe de venir le voir. « Pouvez-vous me dire ce que vous comptez faire maintenant pour redresser une situation qui manifestement vous échappe ? » À ce moment, miracle : le cortège du président de la République tchèque arrive enfin sur la place : il a visité le Mémorial de la Paix, ce qui n'était pas prévu, et il s'y est attardé.

Tout se présente donc bien. Après le déjeuner, les chefs d'État et de gouvernement, et leurs conjoints, rejoignent à Omaha Beach leurs délégations et toutes les personnalités françaises invitées, puis ils prennent place sur une grande tribune, face à la mer. Le temps est superbe. La cérémonie militaire, reconstitution symbolique du Débarquement, transmise en direct sur toutes les chaînes des pays concernés, est très réussie. Après quoi, les chefs d'État et de gouvernement, seuls, doivent traverser l'esplanade et se rendre sous une petite tente, d'où ils vont écouter le discours de François Mitterrand, interprété en consécutive par Christopher Thiéry. Je les conduis à la petite tente. Chacun prend place sur le siège étiqueté à son nom. Tous sont assis maintenant, sauf le président de la Commission européenne, Jacques Santer, qui me lance un regard inquiet. Il manque une chaise, et c'est la sienne ! Au moment où je me demande comment je vais pouvoir le rassurer tout en étant crédible, un bras sort de derrière la tente, et me tend une chaise. L'architecte qui a conçu la tente a pensé que nous aurions peut-être un invité de plus. Il est sur place pour le cas où. En fait, une panne de son imprimante l'avait empêché de recevoir la liste complète que le Protocole lui avait envoyée.

Le soir de cette très longue journée, au retour à Villacoublay, comme je me disais qu'il y avait dans le ciel une étoile spéciale pour protéger un chef du Protocole en difficulté, le Président, généralement avare en compliments, me dit simplement : « Eh bien, tout s'est bien passé, n'est-ce pas ? »

Quelques semaines plus tard, je reçus une lettre fort aimable du secrétaire privé de la reine Elizabeth, qui me demandait de transmettre les remerciements et les félicitations de la souveraine à toute l'équipe en charge de l'organisation. « Sa Majesté a particulièrement apprécié, ajoutait sir Robin Janvrin, que vous ayez pris sur vous de supprimer le fromage au déjeuner des chefs d'État, alors que nous étions en Normandie. »

Nelson Mandela

Nelson Mandela tenait à ce que François Mitterrand soit le premier chef d'État occidental à visiter officiellement l'Afrique du Sud post-apartheid.

Les deux présidents se sont déjà rencontrés. Libéré le 11 février 1990 après vingt-sept années de détention, Nelson Mandela a voulu qu'un de ses tout premiers déplacements soit pour la France, afin de la remercier. Il fait escale à Paris le 7 juin de la même année. Accompagné de son épouse et compagne de lutte Winnie, le leader emblématique de l'African National Congress est d'abord reçu à l'Hôtel de Ville par Jacques Chirac. Le maire de Paris s'est engagé en sa faveur au début des années 1970, en participant au financement de l'ANC à la demande du roi du Maroc[1].

Il rencontre ensuite Danielle Mitterrand et plusieurs associations de défense des droits de l'homme, dont SOS Racisme, dans les locaux de France-Libertés, qu'elle préside, et qui soutient depuis des années l'ANC. Nelson Mandela réclame la poursuite des sanctions économiques

1. Jacques Chirac, *Mémoires*, tome II : *Le Temps présidentiel*, NIL, 2011.

et diplomatiques contre le régime sud-africain, tant qu'il n'aura pas terminé sa négociation avec le président Frederik De Klerk sur la Constitution transitoire qui mettra fin au régime d'apartheid.

Le soir, avant un dîner privé dans les locaux de France-Libertés, place du Trocadéro, une brève cérémonie est organisée juste à côté, sur le parvis de la liberté et des droits de l'homme. François Mitterrand rejoint Nelson Mandela et salue « un infatigable combattant de la liberté », puis cent violons entonnent l'hymne de l'ANC, *Nkosi Sikelel' iAfrika (Dieu sauve l'Afrique* en langue xhosa), qui deviendra celui de l'Afrique du Sud multiraciale et démocratique.

Pour sa visite d'État en Afrique du Sud quatre ans plus tard (3-6 juillet 1994), François Mitterrand est accompagné d'une importante délégation : trois ministres du gouvernement Balladur (Edmond Alphandéry, ministre de l'Économie, Michel Roussin, ministre de la Coopération, et Lucette Michaux-Chevry, ministre déléguée chargée de l'Action humanitaire et des Droits de l'homme, qui a remplacé au dernier moment Alain Juppé) ; les présidents des deux groupes d'amitié parlementaires ; et 29 invités, au premier rang desquels Barbara Hendricks, plusieurs anciens ministres des gouvernements de gauche (Jack Lang, Bernard Kouchner, Louis Mermaz, Michel Vauzelle, Jean Glavany, Edwige Avice, Kofi Yamgnane), ainsi que des membres du secrétariat national du Parti socialiste engagés depuis longtemps dans le combat contre l'apartheid et le soutien aux mouvements anticolonialistes de l'Afrique australe britannique et portugaise.

Lorsqu'il accueille François Mitterrand au Cap, Mandela est président de la nouvelle Afrique du Sud depuis à peine deux mois. Nous avons préparé la visite avec notre ambassadrice, Joëlle Bourgois, qui a une relation quasi filiale avec le président sud-africain[1]. Dans un discours très applaudi devant le « parlement arc-en-ciel » tout nouvellement élu, le chef de l'État promet à Nelson Mandela l'appui de la France à son œuvre gigantesque de réconciliation, de réduction des inégalités et de développement. Le soir, au dîner d'État, le Président déclare : « Alors, quelquefois, je pense à vous, président Mandela, à vous, Sud-Africains. Il y a simplement cinq ans, où en étiez-vous ? Qu'espériez-vous ? Que possédiez-vous ? Tout paraissait fermé et, si vous aviez une espérance, elle se situait dans le combat. Votre espérance se réalise, elle se conduit dans le dialogue. »

Il promet d'être l'avocat de l'Afrique du Sud au prochain sommet du G7 à Naples, au sommet France-Afrique qui se réunira à Biarritz en octobre 1994, et auprès de nos partenaires de l'Union européenne, que la France présidera au premier semestre de 1995.

Le Président et un petit groupe d'invités se rendent en hélicoptère à la pointe du Cap de Bonne-Espérance, puis à Constantia Uitsig, dans une très belle maison Cape Dutch, entourée d'un magnifique paysage de vignes qui rappelle les origines huguenotes de l'Afrique du Sud. Joëlle Bourgois a proposé ce superbe endroit pour un déjeuner avec quelques écrivains et intellectuels sud-africains qui se sont illustrés dans la lutte contre l'apartheid.

Après quoi, le Président rejoint Nelson Mandela, qui l'accompagne dans un faubourg du Cap, le *township* de Khayelitsha, quartier de 500 000 habitants complètement délaissé par l'administration blanche. Une foule souvent pieds nus dans la terre rouge, habillée très pauvrement,

1. Cf. Joëlle Bourgois, *Cinq ans avec Mandela*, Robert Laffont, 2011.

attend depuis des heures dans la liesse pour voir et toucher Mandela. Elle est tout à fait pacifique, mais un détachement de policiers blancs, en uniforme impeccable, portant gants et guêtres blancs, forme une sorte de cordon sanitaire. Les deux chefs d'État actionnent un interrupteur pour inaugurer la nouvelle installation, réalisée par EDF et la Caisse française de développement, qui va leur apporter pour la première fois l'électricité. Le Président a de nouveau un tout autre aperçu de l'état dans lequel vit la majorité de la population noire, en se rendant le lendemain à Soweto. Depuis notre autocar climatisé, nous regardons ce paysage sinistre de champs à l'abandon ceinturés par des fils de fer barbelés. Dans la fumée âcre des foyers à charbon de bois, les deux présidents vont fleurir la tombe d'Hector Pieterson, ce garçon de douze ans tué par la police sud-africaine en 1976 parce qu'il manifestait contre une loi imposant l'afrikaans comme langue d'enseignement pour les enfants noirs, en lieu et place de l'anglais.

À Johannesburg, François Mitterrand est accueilli par le Premier ministre de la province du Transvaal, qui concentre 60 % de la richesse du pays. Compagnon de Mandela de très longue date, Tokyo Sexwale a appartenu à la branche armée de l'ANC, après une formation en Union soviétique, et a passé douze ans à Robben Island. Son prénom vient de sa passion, comme adolescent, pour le karaté. C'est une forte personnalité, très médiatique car il a épousé une femme afrikaner, et le couple est présenté comme le symbole de la grande réconciliation nationale. Il sera, le jour venu, l'un des successeurs possibles de Mandela. Le Président lui remet les insignes de commandeur de la Légion d'honneur.

La réception de la communauté française, au 33e étage de l'hôtel Carlton, conclut la visite. Il est prévu que, aussitôt après, le Président et toute la délégation repartiront pour l'aéroport. Nous avons bien expliqué à tous que, pour regagner le cortège, il faudra redescendre au rez-de-chaussée sans perdre de temps, par l'ascenseur direct, et surtout ne pas prendre l'autre, qui s'arrête à tous les étages. Tous ont suivi la consigne, sauf Edmond Alphandéry, ministre de l'Économie, qui a pris le mauvais ascenseur. Tous ont maintenant pris place dans les voitures, et le cortège ne part pas. Le Président me demande pourquoi. Il s'amuse de l'étourderie du ministre et patiente.

Nelson Mandela effectuera une visite d'État en France en 1996 (13-16 juillet) et sera l'invité d'honneur de Jacques Chirac au défilé du 14 Juillet. Lors de la préparation de cette grande visite, l'ambassadrice d'Afrique du Sud, Barbara Masekela, me dit qu'il est en bonne santé mais qu'il a besoin de se reposer le plus possible. Pourrait-il arriver à titre privé la veille de la visite officielle ?

Le Président lui propose de commencer sa visite en France le 13, et de s'installer au château de Rambouillet. Pour cette seconde visite, Mandela n'est pas accompagné par Winnie, dont il vient de divorcer, mais par une de ses filles. Il est accueilli officiellement à l'aéroport par le ministre de l'Économie et des Finances, Jean Arthuis, avec les honneurs militaires et un *Nkosi Sikelel' iAfrika* superbement interprété par la Garde républicaine. Le ministre prend congé, et je suis chargé d'accompagner Nelson Mandela à Rambouillet en hélicoptère. Nous ne sommes que huit à bord du Super Puma présidentiel, et il est rarissime qu'un chef du Protocole ait le privilège d'un tête-à-tête avec un chef d'État étranger. Il n'est pas là pour cela. De cette conversation de vingt minutes, peut-être mon plus beau souvenir de ces quatre années au Protocole, j'ai toujours en mémoire la sérénité qui émanait de Mandela, sa bienveillance, sa courtoisie, l'attention réelle avec laquelle il écoutait les réponses aux questions qu'il posait sur Paris survolé et sur l'histoire de France.

Jacques Chirac vient le saluer à Rambouillet en fin d'après-midi. Leur tête-à-tête se prolonge pendant près de deux heures. Mandela confie à Jacques Chirac qu'il n'a trouvé d'appuis réels que dans le tiers-monde. Il est déçu par ses grands partenaires occidentaux. Il n'espère rien de la Russie et n'a aucune relation avec la Chine. Il attend beaucoup de la France : reconnaissance politique, conseils, aide économique. Le lendemain matin, le président sud-africain se pose en hélicoptère sur l'esplanade des Invalides pour rejoindre la tribune présidentielle, place de la Concorde. Le public massé sur les trottoirs le reconnaît et lui fait de grands gestes d'amitié. À son arrivée, l'ensemble du gouvernement se lève comme un seul homme et l'applaudit longuement. Après le défilé, le Président offre un déjeuner en son honneur. Lorsqu'il arrive à l'Élysée, tout le personnel est aux fenêtres pour saluer, comme l'écrira Jacques Chirac, « cet homme aux allures de prince, qui avait sacrifié à son idéal trente années de son existence, et qui, bien plus qu'un chef d'État, est un symbole universel de vérité, de justice et de tolérance[1] ». Après le déjeuner, le Président présente son hôte aux 3000 jeunes invités à la garden-party. Ils l'acclament, tandis que l'orchestre de la Garde républicaine interprète « Asimbonanga », l'un des grands succès du rocker sud-africain Johnny Clegg, le « Zoulou blanc », compagnon de route de l'ANC.

Le lendemain, Mandela est accueilli à l'Assemblée nationale, au Sénat, au CNPF. Il reçoit dans le grand

1. Jacques Chirac, *Mémoires*, tome II : *Le Temps présidentiel*, *op. cit.*

amphithéâtre de la Sorbonne, avec un beau cérémonial, un doctorat *honoris causa* de l'université Paris I. À l'invitation du maire communiste et président du conseil général du Val-de-Marne, il se rend dans un collège d'Arcueil pour inaugurer une plaque à la mémoire de Dulcie September, militante anti-apartheid emprisonnée, puis condamnée à l'exil. En 1981, la France ayant retiré l'ANC de la liste des organisations terroristes, l'organisation ouvre un bureau à Arcueil, que Dulcie September dirigera de 1984 à 1988, année de son assassinat en plein Paris. Il y a beaucoup de ferveur et de recueillement autour de la cérémonie, très simple, pour laquelle une chorale sud-africaine de Paris interprète des chants de la résistance.

La revue navale de Toulon

J'ai toujours eu du plaisir à travailler avec notre Marine nationale. Par ses escales, elle contribue beaucoup à notre rayonnement. Le hasard a fait qu'avant le Protocole j'ai eu la chance de servir dans deux pays côtiers, à des moments où le programme annuel arrêté par l'état-major de la marine et le Quai d'Orsay prévoyait l'escale d'un bâtiment. Sauf s'il s'agit d'une simple escale technique de ravitaillement, la visite d'un bâtiment de la Marine nationale dans un port étranger est toujours un événement à dimension diplomatique, entouré d'un cérémonial à bord impeccable, de visites de courtoisie aux plus hautes autorités et de réceptions à bord.

Consul général à Québec, j'eus le privilège, aux côtés de notre ambassadeur à Ottawa, d'accueillir la *Jeanne d'Arc* pour une escale de six jours. L'entrée de notre navire-école dans la rade de Québec, sa manœuvre majestueuse au pied de la citadelle, avec l'aviso-escorteur *Commandant Bourdais*, avaient grande allure. Le Protocole québécois, toujours très professionnel, avait édité un petit livret, comme il le faisait pour les visites officielles de hautes personnalités. Il précisait, pour le jour de l'arrivée : « 9 heures : la *Jeanne d'Arc* salue la citadelle.

La citadelle répond. » Cette réponse était une salve d'artillerie qui résonna longuement entre les falaises du Saint-Laurent. Montant à bord, l'ambassadeur Philippe Husson eut droit aux coups de sifflet réglementaires et à *La Marseillaise*, interprétée par la musique de la *Jeanne*, qui était à l'époque le seul navire de guerre français à avoir son propre orchestre.

À Maputo, la venue du contre-amiral Gazzano, commandant maritime de l'océan Indien, à bord de son navire de commandement, le *Var*, fut un événement. Le président de la République du Mozambique, Joaquim Chissano, avait été reçu à bord, et avait salué dans le livre d'or, en français, « un navire de guerre français en mission de paix ».

Le président de la République décida de célébrer le 50e anniversaire du débarquement des troupes alliées en Provence par un grand événement international, à l'image de la cérémonie de juin en Normandie. Il invita les chefs d'État des pays ayant participé à la libération de la Provence, avec 180 000 soldats, à assister le 14 août 1994, au large de Toulon, au plus beau spectacle qu'une marine puisse offrir : une revue navale. Les chefs d'État de 14 pays d'Afrique, mais aussi le prince Andrew, représentant personnel de la reine Elizabeth, et le prince héritier du Maroc, étaient acheminés de Roissy à la base aéronautique de Hyères, tous ensemble, à bord d'un Airbus spécial de l'armée de l'air. De là, des hélicoptères Super Frelon de l'aéronavale les déposaient par groupes sur le pont du porte-avions *Foch*, où ils étaient accueillis par le Président et par le Premier ministre. À l'issue de la revue navale, le Président offrait un déjeuner en leur honneur, dans le carré du commandant. Puis les chefs d'État prenaient congé et repartaient comme ils étaient venus.

La préparation avait donné lieu à une grande journée de répétition très soigneuse, à bord du *Foch*, avec son commandant, le capitaine de vaisseau Philippe Sautter. Entre Nice et Toulon, trente-trois navires de guerre, dont notre deuxième porte-avions, le *Clemenceau*, et quarante avions français, américains et britanniques, défileraient devant les chefs d'État. À la répétition, au moment où les deux porte-avions allaient se croiser, une représentante de la cellule de communication de l'Élysée (distincte du service de presse), manifestement peu au fait des manœuvres maritimes, demanda : « Commandant, pour l'image, serait-il possible de rapprocher encore plus les porte-avions au moment où ils se croiseront ? » La réponse évidente était non, mais je laissai la Marine nationale la lui donner.

Le jour J, vingt et un coups de canon, et les cris sept fois répétés de « Vive la République », saluent le chef de l'État lorsque son hélicoptère se pose sur le pont du *Foch*. Le Président est accueilli par M. Balladur, le ministre d'État, ministre de la Défense, François Léotard, et les plus hautes autorités de nos armées et de la marine. Les honneurs rendus, le Président et les hautes personnalités françaises se rendent au pied de l'îlot du porte-avions pour y saluer les chefs d'État africains. Les honneurs sont rendus aux drapeaux des nations africaines représentées, portés par des marins du *Foch*, avec ceux des États-Unis d'Amérique et du Royaume-Uni. La musique des équipages de la flotte interprète la sonnerie « au drapeau » devant une assistance figée dans un même garde-à-vous. Tous gagnent la tribune installée sur le pont. Le temps est superbe, le soleil à peine voilé par une très légère brume. À perte de vue, la mer est couverte par les sillages de centaines d'embarcations de plaisanciers, que la gendarmerie maritime tient à l'écart. Des milliers de personnes assistent au spectacle depuis la côte.

L'escorteur d'escadre *Cassard*, portant la marque du vice-amiral d'escadre Lecointre, commandant la force d'action navale, ouvre ce défilé qui s'étend sur vingt kilomètres. Lorsqu'il arrive par le travers du *Foch*, le *Cassard* salue le président de la République de 21 coups de canon. Rangé à la bande, l'équipage pousse par sept fois le cri de « Vive la République ! ». Les autres bâtiments défilent devant le *Foch*. Alignés aux postes de bande, les autres équipages font de même. Viennent ensuite cinq bâtiments de l'US Navy, dont deux croiseurs, puis une frégate et un ravitailleur britanniques. Les triples « *hurray !* » de leurs équipages rejoignent la clameur des « Vive la République ! ».

Jiang Zemin et Li Peng à Paris : « ni voir, ni entendre ! »

François Mitterrand a fait son premier voyage en Chine comme premier secrétaire du Parti socialiste, en 1961, et comprend que notre intérêt est d'établir avec la République populaire une relation privilégiée. Il plaide alors en faveur de la reconnaissance diplomatique que le général de Gaulle décidera trois ans plus tard. En qualité de candidat à l'élection présidentielle, il retourne à Pékin en février 1981 avec Lionel Jospin, Claude Estier, Gaston Defferre, Jean-Marie Cambacérès et une importante délégation de journalistes, ce qui assure à son déplacement une très bonne couverture dans les médias français. Pour l'anecdote, c'est à la résidence des hôtes étrangers de Diao Yu Tai qu'il choisit pour sa campagne le slogan proposé par Jacques Séguéla, « La force tranquille », de préférence à « L'élan Mitterrand »[1]. La Chine est inquiète de l'expansionnisme soviétique et cherche à se rapprocher des États-Unis et de l'Europe. À la suite d'une visite à Pékin de Claude Cheysson, ministre des Relations extérieures, la relation franco-chinoise se refroidit en raison

1. Cf. témoignage de Jean-Marie Cambacérès, archives de l'Institut François Mitterrand.

d'une divergence d'approche sur le Cambodge. François Mitterrand effectue en 1983 sa première visite officielle comme président de la République. Sur le Cambodge, il met les points sur les i : nous condamnons clairement l'occupation vietnamienne. La visite débouche sur la signature du contrat de la centrale nucléaire de Daya Bay, remporté par Vinci et Framatome.

Les relations connaissent un nouveau coup de froid avec la livraison à Taïwan, en 1992, décidée par le président de la République, de 6 frégates et de 60 Mirage 2000. Les autorités chinoises ferment notre consulat général à Canton. La Chine choisit des fournisseurs allemands pour des projets auxquels nos grands groupes avaient soumissionné. M. Balladur se rend à Pékin en avril 1994 pour remettre nos relations sur les rails. Il fait cette visite par devoir. Il n'éprouve pas pour la Chine et sa culture la passion qui est celle de Jacques Chirac. Contrairement à François Mitterrand, qui aime les cuisines étrangères, le Premier ministre montre une évidente circonspection lorsqu'il est en présence de plats chinois. Au déjeuner offert dans l'immense salle du Grand Palais du Peuple, décorée de fresques de montagnes noyées dans la brume, le Premier ministre Li Peng l'a remarqué. À l'aide de ses baguettes, il sert son hôte, suivant la tradition de l'hospitalité chinoise. Il fait tourner le plateau posé au centre de l'immense table d'honneur et couvert de plats, de telle sorte que l'assiette de calmars grillés s'immobilise juste en face de M. Balladur, comme la petite bille d'une roulette au casino. L'interprète chinois traduit : « Monsieur le Premier ministre, il vous faut reprendre de la poulpe ! » M. Balladur a un geste de recul. Li Peng n'insiste pas.

La visite officielle du Premier ministre est gâchée par l'interpellation, pendant son séjour à Shanghai, d'une figure militante de la défense des droits de l'homme, vite relâchée. Elle se conclut cependant par de bons résultats pour nos entreprises, avec des signatures de contrats ou des promesses fermes de conclusion. La visite marque un début de normalisation. Le terrain est mûr pour la venue en France du président de la République de Chine, Jiang Zemin.

C'est une visite d'État (8-12 septembre 1994), destinée à sceller avec éclat la réconciliation entre Paris et Pékin. Elle comporte de forts enjeux économiques, car nous espérons vendre à la Chine le TGV, de nouvelles centrales nucléaires et une flotte d'Airbus.

Les médias français consacrent de nombreux avant-papiers à cette visite et évoquent tous la situation au Tibet, avec une sympathie évidente pour les nationalistes tibétains hostiles à Pékin.

Comme beaucoup de ses compatriotes, Jiang Zemin a lu les traductions d'Alexandre Dumas, il apprécie *Le Comte de Monte-Cristo*, et il a souhaité commencer sa visite en France par Marseille et un déplacement au château d'If. Sur instructions, le préfet de la région Provence-Alpes-Côte d'Azur, Hubert Blanc, interdit la manifestation annoncée par le comité de sauvegarde du peuple tibétain, et fait interpeller des militants qui tentent de déployer un drapeau tibétain au sommet de Notre-Dame-de-la-Garde.

L'ambassadeur de Chine, Cai Fangbo, qui a toute latitude de ses autorités pour préparer avec moi la visite, est revenu me voir une semaine avant l'arrivée de son président, car plusieurs manifestations protibétaines sont annoncées à Paris. Un appel a été signé à cet effet par des personnalités du spectacle de premier plan, Johnny Hallyday, Yves Duteil, Françoise Hardy, Alain Bashung, et politiques, comme l'ancien ministre de la Santé et de l'Action humanitaire, Bernard Kouchner.

Je fais valoir à l'ambassadeur que nous ne pourrons pas les empêcher, c'est une liberté publique fondamentale – il connaît parfaitement notre pays et il le sait –, mais nous ferons en sorte qu'il n'y ait pas de débordements.

Il n'est pas du tout rassuré. Il revient me voir de nouveau, la veille de la grande réunion interministérielle de bouclage à Matignon, présidée par le chef de cabinet du Premier ministre, et dont il a eu connaissance par son équipe, toujours très bien informée. « Le message que Pékin me demande de vous transmettre pour demain, à l'intention des responsables concernés, est très simple : ni voir, ni entendre. » Lors de la réunion, le préfet de police, Philippe Massoni, nous présente son dispositif. Les manifestations seront autorisées, mais les itinéraires imposés aux organisateurs ne croiseront à aucun moment le cortège du président chinois. Ils en seront au contraire très éloignés.

Le soir de son arrivée, Jiang Zemin est l'hôte d'un grand dîner d'État qui rassemble dans la salle des Fêtes de l'Élysée 216 personnalités : tout ce qui compte en France pour notre relation avec la Chine, responsables politiques, grands patrons, universitaires, artistes, journalistes. Le Président relève dans son toast les responsabilités que les deux pays, membres permanents du Conseil de sécurité de l'ONU et puissances nucléaires, se doivent d'assumer, dont la principale consiste à limiter la prolifération, à favoriser le contrôle des armements et le désarmement. Il soutient nos entreprises (« Il faut qu'elles puissent prendre une part plus active encore à la croissance de votre pays »).

François Mitterrand aborde sans détours la question des droits de l'homme. Après avoir rappelé l'attachement de la France aux « valeurs fondatrices de la Révolution, celle de 1789 », il précise devant son interlocuteur :

« L'aspiration au respect de l'identité, des spécificités culturelles, des droits fondamentaux de l'homme est devenue universelle... La France ne se pose pas en donneur de leçons. Elle est prête à dialoguer avec chacun sur un pied d'égalité. Elle se sent concernée naturellement par ce qui se passe à la surface du monde. Comment ne pas s'interroger avec réalisme sur les rapports étroits qui existent entre le développement économique, la démocratie politique et les libertés, tant individuelles que publiques ? »

La réponse de Jiang Zemin est très aimable. Il se réjouit de voir les rapports entre les deux pays « rétablis et réengagés dans la bonne voie d'un développement favorable après avoir traversé une période de vicissitudes ». Il évoque les perspectives de coopérations futures. « Aucun conflit d'intérêts fondamentaux n'oppose la Chine et la France. » Mais, sur les droits de l'homme, il est inflexible : « Il est normal que les pays aient des vues différentes sur certains problèmes. Le gouvernement chinois accorde une grande importance aux droits de l'homme, tout en tenant compte des réalités nationales de la Chine. »

La partie parisienne du programme se déroule au total sans incident. Puis nous nous rendons à Bordeaux en TGV. Gérard Longuet, ministre de l'Industrie et du Commerce extérieur, accompagne Jiang Zemin. Ingénieur en génie mécanique de l'université de Shanghai, le président chinois se fait présenter longuement, dans la cabine du conducteur, les caractéristiques du train, alors que la Chine s'apprête à développer sur une grande échelle les lignes à grande vitesse. À notre arrivée à Bordeaux, où nous attend le préfet de la région Aquitaine, Bernard Landouzy, nous traversons rapidement le hall de la gare, entre deux haies de cavaliers à pied de la Garde républicaine. Il fait très beau. Dehors, de l'autre côté de la place, attablé à la terrasse d'un café, un petit groupe se lève soudain en hurlant, avec des sifflets à roulette, et déploie des banderoles « Libérez le Tibet ! », « Tibet libre ! », qui étaient bien enroulées et cachées. Les officiels chinois sont affolés. Le préfet pousse littéralement Jiang Zemin dans sa voiture, le cortège démarre en trombe et, après un passage par la résidence du préfet, nous rejoignons la rive droite de la Gironde, pour la visite de la centrale nucléaire du Blayais. Sa directrice, Martine Griffon-Fouco, première femme à se voir confier par EDF la responsabilité d'une centrale nucléaire, séduit le président chinois et sa délégation par sa compétence et par son charme. L'incident de la gare est oublié !

Le reste du programme, à Toulouse au siège d'Airbus avec Louis Gallois, puis à Paris pour une dernière journée, se passe à la satisfaction de nos hôtes. Cai Fangbo est très rassuré. Nous signerons par la suite les contrats espérés.

En 1996 (9-13 avril), c'est au tour du Premier ministre Li Peng d'être accueilli à Paris. Il est un interlocuteur incontournable pour la négociation des grands projets de coopération industrielle et technologique. Mais son nom est associé aux massacres des 3 et 4 juin 1989 sur la place Tian'anmen, qui ont fait 1 800 morts et des dizaines de milliers de blessés. Certes, la décision de proclamer la loi martiale était collective, mais c'est Li Peng qui l'a imposée. Depuis, chacun de ses voyages en Occident se passe mal. En 1992, en Suisse, il a dû entrer dans le palais fédéral de Berne par une porte dérobée. Deux ans plus tard, à Weimar, il a été accueilli par des sifflets et contraint d'écourter son séjour. À la différence de Jiang Zemin, très souriant et affable, Li Peng est un personnage étrange, fardé, le teint rose, les sourcils redessinés et épaissis au crayon noir, indéchiffrable derrière ses lunettes, et qui, pour tout dire, met mal à l'aise.

Le président du groupe socialiste à l'Assemblée nationale, Laurent Fabius, critique « l'accueil en grande pompe » réservé à Li Peng : « mettre son drapeau dans sa poche n'est jamais efficace, y compris pour des raisons économiques ». 203 sénateurs et députés, dont 85 élus RPR, ont signé un appel demandant à la Chine « de décoloniser le Tibet, territoire occupé depuis l'invasion chinoise de 1950, et de cesser d'y violer systématiquement les droits de l'homme ». Un comité pour la défense des libertés en Chine, regroupant une trentaine d'organisations politiques, syndicales et humanitaires de défense des droits de l'homme, appelle à une grande manifestation à partir de la place du Trocadéro.

La veille de la visite, Cai Fangbo demande à me voir d'urgence. Il est encore plus tendu que pour la venue de son président, deux ans avant. Il me rappelle la consigne concernant les manifestations qu'il m'avait transmise à l'époque de la part de Pékin : « ni voir, ni entendre ». Il ne cesse de répéter, très nerveux : « Pékin a dit ! Pékin a décidé ! Pékin n'aime pas ! Pékin va se fâcher ! Il faut que j'appelle Pékin ! » Je lui confirme que le préfet de police a pris les dispositions nécessaires. Et, en effet, au moment de la manifestation du Trocadéro, Li Peng se déplacera entre la résidence de Marigny et le Petit Luxembourg pour le déjeuner offert par le président du Sénat. Philippe Massoni, qui sait ce qu'il faut faire pour éviter tout incident diplomatique, bloque la manifestation du Trocadéro au pont d'Iéna.

Dans un communiqué qui n'élude pas la question des droits de l'homme mais veut sauvegarder nos intérêts, le ministre des Affaires étrangères, Hervé de Charette, assure que « la France ne met pas sa conception des droits de l'homme dans sa poche mais, grande puissance du monde présent, doit se tourner vers la Chine, grande puissance de demain ».

La journée du lendemain se passe en visites protocolaires aux présidents de nos deux assemblées. Le soir, est prévu au Quai d'Orsay un grand dîner offert par le Premier ministre Alain Juppé[1], précédé dans les salons du premier étage par la signature de plusieurs accords. Méfiant, l'ambassadeur de Chine s'est fait communiquer en fin d'après-midi le texte du toast d'Alain Juppé. Il le montre à Li Peng. La partie chinoise réagit très vivement et estime que le passage concernant les droits de l'homme est inacceptable. Li Peng menace de ne pas venir au dîner, de remettre en cause la signature des contrats, et même d'abréger sa visite, de repartir en Chine en annulant le déplacement à l'usine Airbus de Toulouse. Tous les invités sont là et me demandent, à commencer par Valéry Giscard d'Estaing, ce qui se passe, car ils ne comprennent pas la raison de ce retard. Un compromis est négocié *in extremis* entre l'Élysée, le Quai d'Orsay et l'ambassade de Chine : il n'y aura pas de discours du tout. Mieux encore : Jacques Chirac propose à Li Peng que les contrats et lettres d'intention concernant la coopération aéronautique (Airbus A330 et A340, avion de transport régional) soient dissociés du paquet et signés le lendemain à l'Élysée, en sa présence, et qu'une cérémonie solennelle soit ajoutée à cet effet à l'entretien et au déjeuner

1. En principe, les repas officiels offerts par le Premier ministre en l'honneur des chefs d'État ou de gouvernement se tiennent à Matignon, mais la salle du Conseil, la plus grande, ne peut recevoir qu'une quarantaine de convives. La grande salle à manger du Quai d'Orsay permet d'en accueillir 144.

officiel inscrits au programme. Geste de bonne volonté supplémentaire, Mme Chirac, ce qui n'était pas prévu, recevra Mme Wang Yeping, épouse de Li Peng, pour un thé.

L'atmosphère se détend aussitôt. Li Peng rejoint le Quai d'Orsay avec une heure de retard. Trois accords importants sont signés : extension de l'usine Citroën de Wuhan, construction près de Shanghai d'une usine de liquéfaction de gaz, contrat céréalier. Nous avons frôlé un incident diplomatique majeur.

Le roi du Népal au Clos de Vougeot

Le roi Birendra du Népal est reçu en France du 20 au 23 septembre 1994. C'est une visite d'État, comme l'avait été celle de son père, le roi Mahendra, accueilli par le général de Gaulle en 1966. Birendra a reçu François Mitterrand à Katmandou en 1983, sur le chemin de Pékin, première visite au Népal d'un chef d'État français.

J'ai préparé le programme avec l'ambassadeur du Népal, Keshav Raj Jha, diplomate sympathique et efficace, qui transmet informations et questions à l'entourage royal et revient me voir dès le lendemain avec les réponses de Katmandou. Je lui ai rappelé que toute visite d'État pouvait comporter un déplacement en province, et que nous serions heureux de répondre aux souhaits du roi. La réponse vient très vite : le roi, si c'était possible, aimerait découvrir une région de vignoble, avec un riche patrimoine architectural, et où il pourrait se rendre en TGV. Je pense tout de suite à la Bourgogne, car le préfet de région, Michel Besse, est un ami de très longue date, et je sais qu'avec son épouse Nicole ils recevront parfaitement le couple royal. Le Président donne son accord.

La délégation népalaise est très réduite : le roi Birendra, la reine Aishwarya, la princesse Shruti, venue les rejoindre depuis Londres où elle fait ses études, et un entourage d'une vingtaine de personnes. La partie parisienne de leur séjour se déroule selon les étapes rituelles de la visite d'État : accueil au pavillon d'honneur d'Orly par le président de la République ; trajet en hélicoptère jusqu'aux Invalides ; grande escorte à cheval de la Garde républicaine jusqu'à Marigny, où résideront le couple royal et la délégation ; cérémonie au tombeau du Soldat inconnu ; entretien avec le Président à l'Élysée ; dîner d'État. Le lendemain, réception à l'Hôtel de Ville par Jacques Chirac ; déjeuner à l'hôtel de Lassay avec Philippe Séguin ; entretien avec M. Balladur à Matignon.

Ensuite, le programme prévoit une partie dont nous assurons la sécurité, mais pas le protocole, et dont l'organisation est entre les mains de l'ambassadeur Jha : réception de la communauté népalaise à la résidence de l'ambassadeur, dîner privé.

Dans le toast qu'il prononce à l'issue du dîner d'État, François Mitterrand rappelle la participation des soldats népalais aux côtés des Alliés lors des deux guerres mondiales. Il salue « un souverain constitutionnel qui a su engager son pays sur la voie de la démocratie et de la modernité » et ajoute : « Mon pays se sent également proche du Népal dans le souci que vous manifestez de préserver votre indépendance sur la scène internationale. Pays enclavé, vous savez user de votre position géographique entre deux très grands pays et contribuer à la stabilité du continent. » Il remercie le Népal de participer de façon très significative aux opérations de maintien de la paix des Nations unies.

Les Champs-Élysées sont pavoisés aux couleurs du royaume. C'est un joli drapeau, carmin pour symboliser la bravoure des Népalais et de leurs ancêtres gurkhas, blanc et noir signes de mort, bordé de bleu, couleur de la paix et de l'harmonie. Il représente l'Himalaya, l'hindouisme et le bouddhisme. Il est original : c'est le seul emblème national qui ne soit pas rectangulaire, mais constitué de deux triangles. Quand ils flottent au vent, sur la plus belle avenue du monde, ils ont quelque chose de comique, on ne peut pas s'empêcher de penser à des pantalons séchant au soleil.

À Dijon, au dîner offert à la préfecture par Dominique Perben, ministre des Départements et Territoires d'outre-mer, désigné pour accompagner le roi comme élu de la région Bourgogne, le sénateur Bernard Barbier, maire de Nuits-Saint-Georges depuis trente-cinq ans, figure du monde politique et viticole de Côte-d'Or, donne à la famille royale une leçon de dégustation en bonne et due forme, que nos hôtes suivent avec application. C'est un personnage truculent, bon vivant, au visage rubicond, qui s'exprime en anglais avec un fort accent bourguignon, mais se fait parfaitement comprendre. Il invite les convives à comparer deux grands crus et à lever leur verre :

« *First, Your Majesty, you have to look.*

— *We have to look*, répond le roi en vérifiant que la reine et la princesse suivent bien la leçon de dégustation.

— *Then, Your Majesty, you have to smell.*

— *We have to smell.*

— *And now, Your Majesty, we can taste.*

— *We can taste.*

— *You see, Your Majesty, it is not the same wine.* »

Le roi du Népal acquiesce : « *Definitely, Senator, it is not the same wine !* »

Le lendemain, Dominique Perben, empêché, est remplacé par Michel Roussin, ministre de la Coopération, car le protocole de la visite d'État prévoit l'accompagnement par un membre du gouvernement tout au long du déplacement en province. Après une belle réception au palais des Ducs et des États de Bourgogne par le maire Robert Poujade, une visite du musée des Beaux-Arts et de la cathédrale Saint-Bénigne, et une déambulation dans les rues du Vieux Dijon, nous allons à Beaune pour une réception à l'hôtel de ville, une visite de l'Hôtel-Dieu, puis une dégustation à l'invitation des caves Patriarche.

Le dîner, d'une quarantaine de convives, est prévu dans le très beau cadre du château du Clos de Vougeot, où se tiennent les chapitres de la confrérie des chevaliers du Tastevin. Nous avons réservé la salle du premier étage. Alors que les invités viennent à peine de prendre place et que commence le service du premier plat, des cailles farcies en Bellevue, l'ambassadeur Jha, qui a consulté le menu, me rejoint, très préoccupé. « Le plat qui va suivre est un vrai problème pour nous. Ces mignons de veau aux truffes sont contraires à la religion hindoue qui, vous le savez, nous interdit de manger toute viande bovine. » Catastrophe ! Les entrées viennent d'être servies, et le veau ne va pas tarder à suivre comme plat principal. Je me précipite à la cuisine, et le maître d'hôtel trouve la solution : « Vous voyez ce mariage, en bas, dans le jardin. Leur dîner n'a pas encore commencé. Le plat principal est un canard à l'orange. J'ai prévu large, il y a des désistements, et je peux vous proposer des canards pour la délégation népalaise. » Le dîner est sauvé ! Le menu étant en français, aucun invité népalais, sauf M. Jha, n'a eu conscience de la bévue du protocole et de la manœuvre de rétablissement. L'incident diplomatique a été évité de justesse. Je serai ensuite beaucoup plus attentif aux menus lorsque nous organiserons en province une visite officielle. Au protocole aussi, le diable se cache dans les détails !

Tout au long de cette visite facile à organiser et très agréable à accompagner, la famille royale népalaise, dont l'élégance, la simplicité et la courtoisie séduisent tous ses interlocuteurs, donne l'impression de savourer chaque moment de cette liberté qui lui permet d'échapper quelques jours, avec bonheur, au très pesant protocole népalais.

Son destin sera horrible. Le 1er juin 2001, au palais royal, le roi, la reine et la princesse seront assassinés avec huit autres membres de la famille par le fils du roi et prince-héritier, Dipendra, qui retournera ensuite son arme contre lui.

Quant à l'excellent ambassadeur Jha, il sera trouvé mort à son domicile de Katmandou, en 2018, après avoir été sauvagement battu.

L'empereur du Japon et les gobiidés

Les visites d'État se suivent mais ne se ressemblent pas. Celle de l'empereur Akihito et de l'impératrice Michiko (3-8 octobre 1994) est un événement important pour nous – c'est la première visite en France d'un souverain japonais –, mais considérable pour les Japonais, car le couple impérial quitte très peu son pays et n'effectue qu'une visite d'État tous les trois ans. L'empereur Akihito a succédé à son père Hirohito en 1989, et il régnera jusqu'à son abdication en 2019.

La visite a été préparée six mois avant par une mission nombreuse venue de Tokyo, conduite par le grand maître des cérémonies de la maison impériale et par le chef du Protocole, l'ambassadeur Makoto Watanabe, qui sera mon interlocuteur principal. L'ambassadeur du Japon en France, Kōichirō Matsuura, a reçu un renfort substantiel en personnel. Son ambassade est tout entière mobilisée, dans une grande fébrilité. Dans mon bureau, quand nous examinons très en détail le déroulé du programme, nous sommes trois du côté français (protocole, sécurité, presse), mais une bonne vingtaine du côté japonais. L'ambassadeur Watanabe est le seul à parler. Les autres, derrière lui, tous de jeunes diplomates, écoutent et prennent des notes.

Dès notre première réunion, je dis à mes interlocuteurs que nous serons très à l'écoute des vœux de l'empereur et de son épouse pour un éventuel déplacement en province, et que nous pourrons facilement insérer des moments privés dans le programme officiel. Ils me font savoir dès le lendemain que l'empereur admire la peinture de Toulouse-Lautrec et serait heureux de visiter le musée qui lui est consacré à Albi. Reçu avec son épouse à déjeuner par l'empereur et l'impératrice, qui souhaitaient préparer avec eux, en tout petit comité, leur visite, notre ambassadeur à Tokyo Jean-Bernard Ouvrieu pose des jalons pour que l'empereur, qui devra s'arrêter à Toulouse pour aller à Albi, fasse un passage par les usines d'Airbus, alors en négociation avec All Nippon Airways pour un contrat très important, qui serait au Japon le premier pour notre industrie aéronautique.

Cette suggestion n'est pas accueillie avec enthousiasme par la haute administration japonaise, très attachée à la relation stratégique avec les États-Unis. Mais lorsque l'empereur convoque une réunion d'anciens ambassadeurs du Japon à Paris pour leur demander leur avis sur l'ensemble du programme de sa visite en France, tous lui recommandent Toulouse et la visite du site d'Airbus. Le protocole japonais me confirme alors son accord, à condition qu'aucune photo ne soit prise du passage aux ateliers, car les Japonais veulent préserver leurs bonnes relations avec Boeing.

Mon collègue Watanabe m'apprend que l'empereur, passionné de biologie marine, est un spécialiste mondial des gobiidés, poissons qui vivent dans les eaux saunâtres des estuaires. Akihito a publié de nombreux articles dans des revues internationales et souhaiterait beaucoup rencontrer les chercheurs français avec lesquels il correspond depuis des années, sans les connaître[1]. Quant à l'impératrice, elle désire visiter une institution accueillant des enfants handicapés.

La venue du couple impérial suscite beaucoup d'intérêt dans les médias, et il y a souvent une petite foule de curieux, et de touristes japonais, sur le passage du cortège, ce qui n'arrive plus guère pour un chef d'État étranger. Les personnalités qui le reçoivent sont toutes séduites par l'extrême courtoisie de nos hôtes et la curiosité qu'ils manifestent pour tous les sujets.

Pour l'empire du Soleil Levant, la République a mis les petits plats dans les grands. À Paris, le Président a des égards particuliers : en plus du grand dîner d'État traditionnel, il offre un déjeuner restreint. La réception à l'Hôtel de Ville, par un Jacques Chirac dont la passion pour le Japon est ancienne, est très chaleureuse. Dans le discours qu'il prononce à l'issue du dîner d'État dans la salle des Fêtes de l'Élysée, François Mitterrand parle du Japon en des termes auxquels ses invités sont très sensibles : « Nous portons naturellement une estime particulière au Japon traditionnel dont l'histoire est venue jusqu'à nous : les mœurs, les coutumes, les traditions, la culture mais, il faut le dire aussi, le Japon moderne représente aujourd'hui une valeur de symbole : de travail, de réussite, de compétence, et c'est un des points sur lesquels nous avons le plus à nous dire. Il y a eu un formidable essor de votre économie après tant de drames et nous avons pu admirer les capacités créatrices de votre peuple, elles forcent l'admiration. Vous avez su construire une démocratie, votre société reste cohérente. Enfin, chacun

1. L'empereur du Japon a découvert une dizaine d'espèces. Deux portent son nom : *Akihito Futuna* et *Akihito Vanuatu*.

le sait, le Japon porte de plus en plus d'intérêt aux grandes questions internationales, joue un rôle de plus en plus important sur la scène mondiale. » Le Président réitère l'appui de la France au souhait du Japon de devenir membre permanent du Conseil de sécurité des Nations unies. « Le monde a besoin du Japon. » Le Président annonce le lancement en 1996 d'une « année de la France au Japon » et l'ouverture à Paris d'une Maison de la culture du Japon, dont la construction vient de commencer.

À la demande de l'empereur, nous avons prévu une longue visite (deux heures) au Muséum national d'histoire naturelle. Pour voir dans leurs bocaux ses chers gobiidés, il disparaît au sous-sol un long moment, en compagnie de ses confrères français, rencontrés une première fois la veille à l'occasion d'un déjeuner organisé à la Sorbonne par le recteur et chancelier des universités, Michèle Gendreau-Massaloux. Quand il revient de sa visite, il ne cache pas son émotion.

Comme l'impératrice l'avait demandé, nous la conduisons avec son époux dans une institution pour enfants polyhandicapés, « Les Amis de Karen », avenue Denfert-Rochereau. Accompagnés par Simone Veil, ministre d'État chargée de la santé, ils restent longuement auprès des enfants, leur parlent avec une douceur infinie, s'entretiennent avec les éducateurs, qui leur expliquent comment ils arrivent à obtenir des progrès, même millimétriques. Apprenant que l'impératrice a écrit des livres pour enfants, nous lui suggérons une rencontre avec des auteurs français travaillant pour le même public. Elle est organisée à Clamart, à la bibliothèque « La Joie par les livres ». L'impératrice a appris le français dans un lycée du réseau japonais des écoles du Sacré-Cœur. Elle nous a demandé d'inviter aussi à Clamart une représentante du réseau français, pour lui dire sa gratitude.

À Albi, les autorités locales ont beaucoup insisté auprès des Japonais, lors de notre mission préparatoire conjointe, pour que le couple impérial ne se contente pas de visiter le Musée Toulouse-Lautrec, mais consacre aussi un moment à la cathédrale Sainte-Cécile. Le Protocole japonais est réticent, n'en voit pas l'intérêt, et j'ai du mal à convaincre nos collègues d'accepter au moins un repérage à la cathédrale. Malheureusement, le prêtre qui nous guide est particulièrement prolixe. Il se perd dans d'interminables détails historiques et architecturaux. Résultat : les Japonais ne veulent plus entendre parler de la cathédrale. Je me permets d'insister auprès de l'ambassadeur Watanabe. Il comprend la sensibilité du sujet pour les Albigeois. Je lui propose un compromis : l'empereur ira à la cathédrale, mais je lui promets que nous trouverons un autre guide, et je m'engage à ce que la visite ne dure pas plus de vingt minutes.

Le jour J, c'est le jeune architecte des bâtiments historiques chargé de la conservation de la cathédrale qui fait la présentation. Tout de suite, il se réfère à l'histoire et à l'architecture japonaises, compare, donne des dates-repères. Il est passionnant. Au cours de la visite du chœur, le guide qui accompagne l'architecte explique, en montrant les statues, qu'elles représentent les prophètes de l'Ancien Testament, et que celles des apôtres sont à l'extérieur. D'une voix très douce, les yeux baissés, l'impératrice dit qu'elle pense que c'est plutôt l'inverse. Elle a parfaitement raison. Elle comprend le français, mais ne veut le montrer sous aucun prétexte devant son mari qui ne l'a pas appris. Finalement, le couple impérial ne regrette pas du tout cette découverte, même un peu expédiée, de l'art gothique. Il consacrera un bon quart d'heure à la cathédrale, mais beaucoup plus au Musée Toulouse-Lautrec.

L'empereur et l'impératrice sont accueillis à l'hôtel de ville par le maire d'Albi. Alors que la cérémonie a lieu en pleine matinée, celui-ci est si intimidé qu'il porte un smoking. Il présente un petit groupe de couples franco-japonais de la région. Pour eux, c'est une chance extraordinaire. Au Japon, jamais ils ne pourraient rencontrer l'empereur.

La mission préparatoire japonaise nous avait demandé si le couple impérial pouvait s'arrêter dans une exploitation agricole, entre Albi et Toulouse, « pour voir un peu de la campagne française », mais sans autre précision. Le préfet du Tarn, Alain Rondepierre, s'est tourné vers la Fédération départementale des syndicats d'exploitants agricoles, qui a proposé un jeune couple d'agriculteurs très dynamiques et qui seraient très à l'aise pour présenter leur métier à un empereur et une impératrice. Nous visitons la ferme. À les écouter parler avec passion, le jeune agriculteur et son épouse, j'en suis sûr, seront parfaits. Mais je vois nos collègues japonais en grand conciliabule. « Trop moderne ! » est leur conclusion lapidaire, sans autre commentaire. L'empereur imagine-t-il l'agriculture française comme sur une toile de Jean-François Millet ? Nous abandonnons le projet de ferme.

À Toulouse, l'accueil par le préfet de la région Midi-Pyrénées, Alain Bidou, est impeccable, et la réception du couple impérial par Dominique Baudis et le conseil municipal, dans les magnifiques salons du Capitole, impressionne nos hôtes japonais. L'empereur et l'impératrice séjournent deux nuits à la préfecture, et trois repas y sont organisés en leur honneur, dont deux par le ministre de l'Agriculture et de la Pêche, Jean Puech, élu de Midi-Pyrénées, présent de bout en bout avec son épouse Danièle, conseillère régionale.

Le premier soir, quand nous arrivons de Paris, mon homologue japonais, d'ordinaire impassible, paraît très soucieux. Sur le court trajet entre l'aéroport de Blagnac et la préfecture, l'impératrice ne s'est pas sentie bien, et elle n'a pas pu ouvrir la vitre, car la voiture est blindée. Pour lui permettre d'aller à Albi confortablement le lendemain, est-il envisageable de prévoir un véhicule non blindé ? Je lui réponds oui, sous réserve de vérification auprès de René-Georges Querry, qui me confirme aussitôt l'accord du SPHP, puisque le couple impérial ne fait l'objet d'aucune menace particulière. Mon collègue Watanabe est sidéré par la rapidité de notre décision. Je comprendrai pourquoi plus tard. Lors de la visite d'État de Jacques Chirac, je vérifierai à Tokyo combien le protocole impérial est lourd, avec de gros problèmes de coordination, et comme tétanisé par tout événement imprévu. À Toulouse, après le dîner, l'ambassadeur Watanabe me fait un signe discret et me conduit auprès de l'impératrice. Elle souhaitait me voir pour me dire simplement : « Merci, monsieur, pour la voiture. »

8 mai 1995 : le drapeau macédonien

Jacques Chirac est élu président de la République le 7 mai 1995. Une cérémonie est prévue le 8 pour commémorer place de l'Étoile le 50e anniversaire de la capitulation du Reich. Pour montrer que la transition se fera en douceur, François Mitterrand invite son successeur. L'image qui restera est celle des deux présidents assistant côte à côte au défilé militaire, et conversant de façon très naturelle et détendue. Ils sont accompagnés de leurs épouses, et le maire de Paris rattrape galamment le foulard de Danielle Mitterrand, qui s'est envolé.

Le Protocole a organisé la venue des 53 chefs d'État et de gouvernement des pays ayant participé à la Seconde Guerre mondiale, vainqueurs ou vaincus. J'ai demandé au Quai d'Orsay de mettre à ma disposition, pour chaque chef de délégation, le jeune diplomate responsable du pays (le « rédacteur »), comme agent de liaison. C'est ce que nous avions fait en Normandie le 6 juin 1994, et cette formule nous avait permis de régler en temps réel bien des problèmes.

La veille de la cérémonie, l'ambassadeur de Grèce, dont nous avons invité le Président, Konstantínos Stephanópoulos, m'appelle, furieux. Athènes venait d'apprendre que nous avions aussi invité le président de la république de Macédoine, Kiro Gligorov. La Grèce n'a pas reconnu l'indépendance de la Macédoine au moment de la dislocation de la fédération yougoslave[1]. Elle a essayé, sans succès, de dissuader la communauté internationale de la suivre. Elle suspecte la Macédoine indépendante d'avoir des prétentions territoriales sur la Macédoine grecque. Le contentieux se cristallise sur le nom – pour les Grecs il est usurpé – et sur le drapeau choisi par le nouvel État : le soleil de Virginia, étoile jaune sur fond rouge, symbole retrouvé dans le tombeau de Philippe II, en Macédoine grecque.

L'ambassadeur nous met en garde : l'opinion publique grecque est à vif sur ce sujet, et le nouveau président de la République hellénique, élu depuis deux mois à peine, ne pourrait accepter la présence du moindre drapeau macédonien. Si nous en prévoyons un, il ne viendra pas, ou il repartira. Je fais part immédiatement de cette difficulté à l'ambassadeur de Macédoine. La réponse de Skopje vient très vite : si le drapeau de Macédoine ne flottait pas autour de l'Arc de triomphe, au même titre que ceux des autres pays invités, ce serait une humiliation pour tous les Macédoniens et la source de sérieuses difficultés avec la France. Avec l'accord de la cellule diplomatique de l'Élysée, je négocie un compromis : il n'y aura pas de drapeau macédonien à l'Arc de triomphe, mais la voiture du président Gligorov, lorsqu'elle remontera les Champs-Élysées, portera comme toutes les autres le fanion de son pays. À mon grand soulagement, les deux

1. L'accord se fera plus tard entre dirigeants macédoniens et grecs sur l'adhésion aux Nations unies de l'« Ancienne République yougoslave de Macédoine ».

ambassadeurs réussissent à convaincre leurs capitales d'accepter.

Le jour J, je suis place de l'Étoile devant la tribune officielle pour accueillir les chefs d'État et de gouvernement, qui sont conduits à leur place par l'équipe du Protocole. Quand arrive le cortège de la Grèce, notre agent de liaison, René Troccaz, bondit de sa voiture et se précipite vers moi : le drapeau macédonien flotte au pied de l'Arc de triomphe ! Le président Stephanópoulos ne l'a pas encore remarqué, mais nous devons faire très vite. Une fois installé à sa place, il aura tout de loisir de faire l'inventaire des emblèmes nationaux. Par radio, nous prévenons le technicien en charge de l'installation des drapeaux qui, miracle, a le temps de retirer le drapeau macédonien. Il l'a confondu avec le drapeau vietnamien, qui a lui aussi une étoile jaune sur fond rouge. Du coup, il faut hisser de toute urgence le drapeau vietnamien avant l'arrivée place de l'Étoile du chef de la délégation vietnamienne ! Heureusement, l'ordre de préséance nous est favorable : il est l'un des derniers à être accueilli à la tribune officielle.

Nouveau président, nouveau protocole

La préparation de l'installation officielle du nouveau président a commencé dès le lendemain du second tour, le 8 mai. J'ai deux interlocuteurs : pour le président de la République, Hubert Védrine ; pour Jacques Chirac, Dominique de Villepin, directeur de cabinet d'Alain Juppé, ministre des Affaires étrangères. Devenu l'un des plus proches conseillers du maire de Paris pendant la campagne, Dominique de Villepin est en contact permanent avec lui. J'ai préparé pour le président élu une note rappelant le protocole utilisé pour les précédentes installations officielles, avec leurs figures imposées et leurs variantes. Dominique de Villepin me transmet les instructions de Jacques Chirac et me notifie la décision du nouveau président de me confirmer dans mes fonctions[1]. Le circuit de décision Hôtel de Ville-Élysée *via* le Protocole fonctionne très efficacement. Après l'investiture elle-même, dont le cérémonial traditionnel sera intégralement repris, le Président et Mme Chirac retiendront à déjeuner

1. 1. Jacques Chirac suit la tradition de la Ve République : le chef du Protocole reste en place avec le nouveau président pour le début de son mandat.

René Monory et Philippe Séguin. Puis ce sera la remontée des Champs-Élysées à bord de la Citroën Maserati SM, avec la grande escorte motocycliste de la Garde républicaine, mais pas les chevaux. Jacques Chirac renonce à l'accueil officiel à l'Hôtel de Ville. Il a été maire pendant dix-huit ans et vient tout juste de démissionner. Il n'envisage pas d'être accueilli par son premier adjoint et successeur, Jean Tiberi.

Une fois connues ses directives, je convoque dans mon bureau du Quai d'Orsay tous les intervenants. Le grand chancelier de la Légion d'honneur et le préfet de police viennent en personne. Je demande au général Forray si tout est prêt pour la remise du collier au grand maître de l'Ordre. Il a fait graver sur un maillon le nom du nouveau président, à la suite de ceux de ses prédécesseurs depuis Vincent Auriol. « Par précaution, précise le grand chancelier, pour éviter tout cambriolage, j'ai mis le collier sous mon lit. »

Le matin de l'investiture, vers 6 h 30, Jacques Chirac m'appelle à mon domicile. Avant de se rendre en hélicoptère à Colombey-les-Deux-Églises pour se recueillir sur la tombe du général de Gaulle, il me demande de téléphoner à l'amiral de Gaulle afin de m'assurer qu'il a bien reçu le carton d'invitation pour la cérémonie à l'Élysée.

Le président élu quitte l'Hôtel de Ville à bord de sa Citroën CX, avec Dominique de Villepin, ce qui annonce la nomination imminente de celui-ci comme secrétaire général de la présidence de la République, et l'officier de sécurité qui l'accompagne depuis des années, Joël Morin. Simplement suivie par une voiture de la police, sa voiture s'arrête à tous les feux rouges de la rue de Rivoli, et une escorte motocycliste l'attend avenue de Marigny. Lorsque je le salue avec le colonel Chapel, commandant militaire du palais, à l'entrée de la cour d'honneur, Jacques Chirac est très ému, et même tendu. Le contraste est frappant avec la sérénité qui se dégage de François Mitterrand. Pour le président sortant, qui l'attend, très souriant, en haut du perron d'honneur, avoir été le premier président de la République française à avoir accompli deux septennats est un motif de fierté. Davantage encore, avoir pu aller jusqu'au bout de son second mandat malgré la maladie est un grand soulagement.

Jacques Chirac écrit : « François Mitterrand eut la sagesse et l'habileté de s'adapter à un système qu'il avait pourtant combattu dès sa mise en place, et critiqué sans relâche jusqu'à sa propre accession au pouvoir. Il comprit que sa légitimité, à moins de se tromper de fonction, dépendrait de sa capacité à dépasser les clivages idéologiques, à incarner la France dans toute sa diversité et à rassembler le peuple français dans son entier… Porté par un sens de l'État et une intelligence politique indiscutables, François Mitterrand s'est vite identifié à l'autorité souveraine que la Constitution lui octroyait, et dont il était toujours prompt et attentif, je peux en témoigner, à affirmer la prééminence qui s'y attache. Chez lui, la capacité de décision allait de pair, dans sa manière d'être comme de gouverner, avec une maîtrise du temps et un art du détachement qui sont aussi la marque d'un authentique chef d'État[1]. »

L'entretien entre les deux présidents dure une bonne heure. François Mitterrand raccompagne Jacques Chirac jusqu'au perron. Le grand tapis rouge a été déroulé sur toute la longueur de la cour d'honneur.

— Monsieur le Président, dit Jacques Chirac, laissez-moi vous raccompagner à votre voiture.

1. Jacques Chirac, *Mémoires*, tome II : *Le Temps présidentiel*, *op. cit.*

— Ne vous donnez pas cette peine, vous avez à faire, raccompagnez-moi seulement jusqu'à la moitié du tapis.

— Alors d'accord, à la moitié du tapis.

À la coupée de sa voiture, je salue une dernière fois le président Mitterrand. Il a des mots très aimables. Puis je rejoins le nouveau président dans le salon Murat, où le grand chancelier lui remet les insignes de grand-croix de la Légion d'honneur, avant de le reconnaître un peu plus tard, dans la salle des Fêtes, comme grand maître de l'Ordre. Lorsque j'invite MM. Balladur, Monory et Séguin à suivre Jacques Chirac pour son entrée solennelle dans la salle des Fêtes, accompagnés par la formation de chambre de la Garde républicaine qui interprète une suite pour cordes de Marin Marais, le bientôt ex-Premier ministre a un visage sombre. Cette cérémonie est de toute évidence très difficile à vivre pour lui. Il s'éclipsera, sans s'attarder avec les invités, sitôt terminé le discours d'investiture de Jacques Chirac.

Au moment précis où Roland Dumas, président du Conseil constitutionnel, proclame Jacques Chirac président de la République, un message radio est envoyé au chef de section qui commande la batterie d'artillerie, et 21 coups de canon sont tirés depuis l'esplanade des Invalides. Roland Dumas se déclare « heureusement impressionné par les conditions dans lesquelles a été transmis l'exercice de la responsabilité présidentielle, qui font honneur à notre démocratie ». « Jamais en effet, écrira Jacques Chirac, depuis la fondation de la Ve République, passation de pouvoir ne s'était déroulée de manière aussi naturelle et dépassionnée. »

Le Protocole a invité 1500 personnes. Tout ce qui compte dans l'État est là, les corps constitués au grand complet, autorités civiles, militaires, religieuses, la famille du Président, ses amis personnels et ses collaborateurs, au travail depuis le 6 mai. Le lendemain, je reçois un appel du recteur de la Grande Mosquée de Paris, Dalil Boubakeur. Il me dit que beaucoup de musulmans se sont émus de l'absence de tout représentant de l'Islam parmi les hautes personnalités religieuses. Cela s'est vu à la télévision, et le met personnellement en difficulté. J'en parle au Président. Il me demande de rappeler le recteur, de m'excuser pour un regrettable oubli du Protocole et de l'assurer qu'il sera invité chaque fois que les autorités religieuses seront conviées à une cérémonie à l'Élysée. Ce qui sera fait.

Le soir de son installation officielle, le nouveau président me fait dire par Marianne Hibon, chef de son secrétariat particulier, qu'il me convoque le lendemain matin pour une réunion sur la réforme du Protocole. Nous sommes en tout petit comité, avec Dominique de Villepin, secrétaire général, Bertrand Landrieu, directeur du cabinet, et Annie Lhéritier, chef de cabinet, collaboratrice de Jacques Chiras de très longue date. Le Président part d'un constat : au fil des années, le protocole de la République est devenu « monarchique ». Il isole le chef de l'État. Il y a eu des dérives. Il a en tête plusieurs mesures.

D'abord, les Parisiens sont excédés par les gyrophares et les deux-tons des voitures des hautes autorités. Tous, à commencer par lui-même, circuleront comme les citoyens ordinaires. Ils s'arrêteront aux feux rouges et n'utiliseront plus ni deux-tons, ni gyrophares. Comme une circulaire du Premier ministre sera nécessaire, il me demande de m'adjoindre un représentant du Conseil d'État.

Jacques Chirac entend simplifier le protocole de ses voyages à l'étranger. Le GLAM[1] sera débaptisé, et l'inscription « République française » effacée de la carlingue des avions gouvernementaux. Le Président utilisera, en principe, les vols ordinaires d'Air France. Par exemple, pour son prochain déplacement à New York, il prendra le Concorde. Les préfets venant le saluer ne porteront plus l'uniforme. Les ministres accompagnant le Président ne pourront plus emmener avec eux leur officier de sécurité. Ils porteront leurs bagages eux-mêmes. À Paris, pour les visites d'État, la grande escorte à cheval de la Garde républicaine sera remplacée par une escorte motocycliste. Lorsqu'un chef d'État étranger remontera les Champs-Élysées pour raviver la flamme du Soldat inconnu, seule la moitié de la chaussée sera neutralisée, comme le demande depuis longtemps le préfet de police.

Le Président nous demande ce que nous en pensons. Avec Jacques Chirac, l'échange est très libre, il n'est pas un patron intimidant, bien au contraire, et il accepte parfaitement la contradiction à partir du moment où elle est argumentée. Prévoyant des difficultés, Bertrand Landrieu, qui le connaît depuis l'époque, il y a près de vingt ans, où il était son chef adjoint de cabinet à Matignon, puis sous-préfet d'Ussel, demande si la nouvelle règle sur les arrêts aux feux rouges s'appliquera également aux présidents des assemblées, René Monory et Philippe Séguin. La réponse est oui. Je fais observer pour ma part que le programme des déplacements officiels à l'étranger suppose un respect très strict des horaires. L'avion présidentiel est

1. Groupe de liaisons aériennes ministérielles, unité de l'armée de l'air qui gère depuis 1945 le parc d'appareil gouvernementaux. En 1995, il devient l'ETEC, escadron de transport, d'entraînement et de calibration.

souvent accueilli dans un aéroport militaire. L'utilisation des vols commerciaux ne me paraît donc pas réaliste. Si les ministres ne peuvent plus emmener leur officier de sécurité, je crains des problèmes de bagages. Je regrette l'abandon des chevaux de la Garde républicaine pour les visites d'État. Cette grande escorte contribue beaucoup à leur éclat. Bertrand Landrieu intervient dans le même sens. Mais le Président tient à sa réforme, très soutenue par Claude Chirac. Dans la note que je lui adresse comme demandé, je réitère les remarques faites en réunion, sans pouvoir le convaincre. Il me répond en confirmant ses instructions.

Les Parisiens constatent tout de suite le changement, en effet, lorsqu'ils voient des voitures ministérielles respecter la signalisation. Pour les déplacements du Président et du Premier ministre, il est apparu très vite que cette mesure n'était pas applicable, pour des raisons évidentes de sécurité. Comme par le passé, les feux orange seront clignotants sur le passage de leur cortège. Pour le défilé du 14 Juillet, j'accueille à la tribune présidentielle de la place de la Concorde, selon un minutage très précis, les membres du gouvernement, puis le président de l'Assemblée nationale, et enfin le président du Sénat (le Premier ministre, second personnage de l'État, attend le Président au bas des Champs-Élysées). Les ministres sont très à l'heure; Philippe Séguin arrive avec plusieurs minutes de retard sur l'horaire prévu. Il s'est arrêté aux feux rouges. Il est furieux. Nous nous connaissons bien car nous étions camarades de promotion à l'ENA et nous sommes restés en relation régulière. Devant le gouvernement Juppé au grand complet, il m'apostrophe de sa voix de stentor : « Daniel, ta réforme du Protocole, tu peux te la f… au c… », ce qui déclenche l'hilarité de toute la tribune présidentielle.

Pour son premier déplacement à l'étranger, le nouveau président se rend au sommet du G7 à Halifax (15-17 juin 1995) en s'arrêtant à Washington pour rencontrer Bill Clinton.

Nous partons de Roissy. Conformément aux instructions présidentielles, le préfet de Seine-Saint-Denis, Jean-Pierre Duport, est en civil, mais le cheminement à pied jusqu'à l'avion est jalonné par un piquet de la police de l'air et des frontières, en uniforme. Sur le trajet à l'intérieur de l'aérogare, toutes les portes s'ouvrent automatiquement devant nous. À bord du Concorde, les passagers viennent voir le Président pour lui demander de signer leur menu. Le Président est ravi. À New York, après un bref passage au salon d'honneur, nous prenons pour Washington le Falcon 900 présidentiel venu de Villacoublay sans passagers. Hervé de Charette, ministre des Affaires étrangères, et Alain Madelin, ministre de l'Économie et des Finances, accompagnent le Président, comme il est de règle pour les sommets du G7. À l'arrivée à l'hôtel, à Washington, Alain Madelin s'aperçoit qu'il n'a pas sa housse à vêtements. Il tourbillonne dans le hall et m'interpelle, très énervé. Je fais appeler le salon d'honneur de Roissy : pas de bagage. Puis celui de JFK : pas de bagage non plus. Le ministre se tourne alors vers notre conseiller financier à Washington, venu le saluer. Il hurle : « Emmenez-moi immédiatement dans un magasin de vêtements ! — Mais, Monsieur le Ministre, c'est dimanche, ils sont tous fermés ! — Je ne veux pas le savoir ! Faites-en ouvrir un ! » Pendant ce temps-là, la sécurité américaine nous autorise à retourner à la base militaire d'Andrews, sur laquelle le Falcon présidentiel a atterri, et nous récupérons le bagage de M. Madelin dans la cabine. Mais tout cela a pris du temps, car la base est ultra-sécurisée, et le Falcon 900 est fermé à clef. En attendant, chacun a pu s'installer dans sa chambre et redescend dans le hall pour se rendre à la Maison Blanche. Le Président a su ce qui était arrivé. Goguenard, il interpelle son ministre. « Alors, Alain, bravo, il paraît que tu avais perdu ton bagage ! »

Sous l'autorité du président Mitterrand, je traitais toutes mes affaires avec son conseiller diplomatique, Jean Vidal, et, si nécessaire, avec le secrétaire général, Hubert Védrine, par lequel transitaient toutes mes notes pour le Président. Avec Jacques Chirac, tous mes principaux correspondants à l'Élysée changent. Jean-David Levitte, conseiller diplomatique, met sur pied une véritable cellule diplomatique, de grande valeur, avec François Delattre, Bernard Émié, Bruno Joubert, et Pierre Ménat. Ils me transmettent en temps réel les instructions du Président concernant ses audiences ou ses projets de déplacement à l'étranger, et me donnent l'éclairage politique nécessaire avant les missions préparatoires. Les notes du chef du Protocole pour le président de la République suivent le même circuit court que sous le précédent septennat, « accord, JC » remplaçant le « oui, FM ». La très efficace et très sûre Annie Lhéritier succède à Béatrice Marre comme chef de cabinet, et j'organiserai avec elle les rencontres internationales se tenant en France. Catherine Colonna, qui succède à Jean Musitelli, sera une porte-parole particulièrement appréciée des journalistes.

Avec le nouveau président, l'équipe du Protocole reste en place : Guy Yelda, puis Laurent Stéfanini à partir de 1996, sont des adjoints très professionnels et de toute confiance, qui me déchargent, lorsque je suis à l'étranger, du très gros travail d'organisation des visites en France des chefs d'État et de gouvernement[1]. Les agents du cérémonial, au Quai d'Orsay et à la cellule du Protocole de l'Élysée, sont des diplomates aux profils variés, au départ sans préparation particulière au Protocole, mais qui se mettent vite et bien à ses exigences.

Bertrand Landrieu préside tous les mercredis matin une réunion de calendrier qui est pour le chef du Protocole une source d'informations très précieuse sur l'agenda du Président pour les mois à venir. La réunion permet de vérifier la cohérence de ses différentes obligations, intérieures et internationales.

Avec le statut de « conseiller communication-opinion à la présidence de la République », Claude Chirac a un statut à part. Elle n'accompagne pratiquement jamais son père dans ses voyages à l'étranger, mais elle suit de très près leur préparation grâce à son collaborateur Michel Baloche, qui m'accompagne dans toutes les missions préparatoires. Il l'informe au fur et à mesure de tout ce que nous envisageons sur place avec nos homologues, et lorsque, au retour, j'adresse ma note de propositions au Président, Claude Chirac en a déjà approuvé l'essentiel. Michel Baloche, trop tôt disparu, est un personnage très attachant, recruté par le RPR à la fin des années 1970 comme motard coursier, et devenu avec le temps l'un des membres du premier cercle autour de Jacques Chirac, qu'il suivra à Matignon puis à l'Élysée. Il est chargé, sous l'autorité de Claude Chirac, de l'image du Président. Après avoir organisé pendant des années ses meetings électoraux et ses prises de parole, c'est un as de la lumière, des décors, du son, de la régie. À l'étranger, il n'a pas son

1. Laurent Stéfanini sera chef du Protocole à son tour de 2010 à 2016.

pareil pour voir si le dispositif prévu pour une conférence de presse, une interview télévisée, ou l'allocution devant la communauté française, renverra en France les images attendues. Il est constamment en mouvement, déplaçant pupitres et projecteurs, houspillant les techniciens japonais ou argentins, remplaçant en un tour de main un décor de discours qu'il trouve triste et désuet.

Le lendemain de son installation, le Président m'a dit : « Vous préparerez tous mes voyages avec Michel Baloche. Il me connaît par cœur. Il sait ce que je veux et ce que je n'aime pas. Tout ce qu'il vous proposera, c'est comme si je vous le demandais moi-même. » Michel Baloche découvrait l'univers diplomatique et avait un jugement en général assez juste sur nos ambassadeurs, et sur leurs épouses lorsque nous étions invités à dîner dans leur résidence au cours de la mission préparatoire. Je les mettais en garde : dans notre délégation, celui qui était le plus proche du Président était cet homme élégant qui mettait son point d'honneur à ne jamais porter de cravate et n'avait pas sa langue dans sa poche…

Sous le septennat précédent, je n'avais pratiquement pas de contacts avec Mme Mitterrand, sauf lorsqu'elle participait aux dîners d'État ou accompagnait le Président pour une visite d'État, ce qui était la règle. Nous lui préparions alors un programme particulier, centré généralement sur une visite d'association à vocation sociale ou humanitaire. Elle ne venait pratiquement jamais à l'Élysée, que le Président et son épouse n'habitaient pas. Elle ne s'est jamais sentie maîtresse de maison dans ce palais qu'elle n'aimait pas. Elle ne m'a jamais donné d'instructions particulières.

Les choses changent du tout au tout le 17 mai 1995. Le Président et son épouse décident d'habiter le palais, et Mme Chirac entend jouer tout son rôle de Première dame. Elle considère que beaucoup de choses sont à revoir. Le personnel du palais est repris en main. Un jour, le téléphone sonne dans le vestibule d'honneur. L'huissier décroche et dit à ses collègues : « Alerte les amis, c'est Madame, tous aux abris ! ».

Bernadette Chirac me convoque assez vite après l'installation officielle. Elle me demande comment s'organisent les réceptions officielles et les repas en l'honneur des hautes personnalités étrangères. Je lui explique la disposition des dîners d'État dans la salle des Fêtes, telle que choisie par François Mitterrand : une table d'honneur avec les plus hautes personnalités, ouverte, et une vingtaine de tables de dix. J'ajoute, sans trop réfléchir : « C'est une formule conviviale. » Mme Chirac me rétorque : « Monsieur l'Ambassadeur, on ne vient pas à l'Élysée pour avoir une soirée conviviale, mais pour dîner à la table du président de la République. Je me souviens toujours de la grande table en U du général de Gaulle, lorsque mon mari était secrétaire d'État à l'Emploi. Elle avait une tout autre allure. Je vous demande de la rétablir. »

Je dois reconnaître que Mme Chirac avait raison. Les dîners d'État sont pour les étrangers une vitrine de l'excellence française. Et, à côté des dîners d'État, les soirées organisées dans la salle des Fêtes à l'initiative de Mme Chirac ont fait forte impression sur les invités, deux en particulier : l'une pour la remise à Paris du prix japonais *Praemium Imperiale*, avec un récital de la pianiste Madeleine Malraux ; l'autre pour le 70e anniversaire de Mstislav Rostropovitch (mars 1997), à l'issue d'un concert au Théâtre des Champs-Élysées, en présence de plusieurs têtes couronnées européennes.

La présence aux côtés de Mme Chirac d'un remarquable chef de cabinet, le préfet Bernard Niquet, qui sait arrondir les angles et la rassurer, facilitera beaucoup le travail de tous ceux qui auront à organiser sa participation aux activités présidentielles.

Avec la fin de la cohabitation, l'adjoint du chef du Protocole retrouve la pleine responsabilité de l'organisation des activités internationales du Premier ministre. Guy Yelda, puis Laurent Stéfanini à partir d'octobre 1996, les préparent en liaison avec le conseiller diplomatique du Premier ministre, Richard Duqué. Si Alain Juppé voyage moins que M. Balladur et ne participe pas aux Conseils européens, il est aux côtés du Président pour les sommets bilatéraux et effectue des déplacements importants : Russie, Canada et Québec au titre des « visites alternées », Londres, Rome, Bonn. Il accueille à Bordeaux le président de la République fédérale d'Allemagne, Roman Herzog. Il reçoit régulièrement à Matignon chefs d'État et de gouvernement, et offre en leur honneur déjeuners et dîners, à Matignon ou au Quai d'Orsay. Le grand dîner en l'honneur de Li Peng, avec le suspense qui l'a précédé[1], restera dans les annales.

1. Voir chapitre « Jiang Zemin et Li Peng à Paris : "ni voir, ni entendre ! " », p. 131.

« Chez Yvonne »

Pour souligner combien la coopération franco-allemande demeurera un axe central de notre politique étrangère, Jacques Chirac a souhaité rencontrer au plus vite le chancelier Kohl. L'opinion allemande est inquiète à la perspective de l'abandon du mark, et s'interroge sur la politique européenne du nouveau président français. Le Chancelier a besoin de s'entendre dire par Jacques Chirac que la France mettra bien en œuvre, comme prévu, le traité de Maastricht, et ne reculera pas devant les contraintes que va imposer le passage à la future monnaie unique. Le Président entend le lui confirmer sans attendre.

Il propose à Helmut Kohl de le rejoindre à Strasbourg dès le lendemain de son installation officielle (18 mai 1995), pour un entretien à la préfecture suivi d'un dîner. La soirée permettra aux deux dirigeants d'approfondir une relation personnelle qui remonte aux années de la première cohabitation, et de vérifier la convergence de leurs positions sur les grands dossiers européens, à commencer par ceux de l'approfondissement et de l'élargissement aux pays d'Europe centrale et orientale. Le second grand sujet sera l'ex-Yougoslavie. La France et l'Allemagne ont eu, au moment de la dislocation de la fédération, des positions divergentes, l'Allemagne reconnaissant très vite – trop tôt, estimait François Mitterrand – l'indépendance de la Croatie et de la Slovénie. Mais elles partagent maintenant, sur la question bosniaque, la même fermeté à l'égard de la Serbie de Milošević et des Bosno-Serbes de Karadžić et Mladić.

Pour le dîner, Jacques Chirac a choisi l'une des plus célèbres winstubs de Strasbourg, « Chez Yvonne », tout près de la cathédrale. Le Président connaît bien ce restaurant typiquement alsacien, chaleureux, avec ses plafonds bas, ses nappes à carreaux rouges et blancs, ses boiseries, sa table d'hôtes. Yvonne Haller l'a plusieurs fois accueilli pendant ses campagnes électorales, avec ses soutiens alsaciens. Le Président propose au Chancelier de s'y rendre à pied depuis la préfecture. La petite rue du Sanglier est pleine de monde. Jacques Chirac offre à Helmut Kohl un bain de foule. Assaillie de questions, Yvonne répond aux journalistes qu'elle n'a rien préparé de spécial, car elle sait ce que le Président va prendre : escargots, presskopf, jambonneau, le tout accompagné d'une bonne bière pression. Le Chancelier est aussi un habitué. Il prend une bière « pour se détendre », puis passe au vin blanc. Ce soir-là, c'est un pinot gris qui est servi et, en plus des prévisions d'Yvonne, du cervelas, de la tête de veau, des tartes aux quetsches et aux pommes. Nous avons réservé pour eux une table de six dans une petite salle à manger simplement séparée de la salle principale par un rideau. Ils sont accompagnés de leurs conseillers diplomatiques, Jean-David Levitte et Joachim Bitterlich, et de leurs deux interprètes. Claude Chirac a insisté pour que puissent dîner dans la pièce principale, avec le préfet Jean-Pierre Delpont et la toute petite équipe logistique qui prennent place à la *Stammtisch*, des clients habituels d'Yvonne. Pendant le dîner, nous entendons les chansons des sympathisants chiraquiens que le Président ira saluer à la sortie.

Jacques Chirac : l'Afrique d'abord

Pour tout nouveau président de la République, le choix du pays auquel il réservera son premier déplacement officiel est un acte fort de politique étrangère. La tradition de la Ve République, respectée par François Mitterrand et Jacques Chirac, est de rencontrer le chancelier d'Allemagne fédérale. Mais ensuite ? Le général de Gaulle avait choisi l'Italie, pour célébrer à Milan et Brescia la fraternité d'armes entre soldats français et italiens contre l'armée autrichienne cent ans avant, à Magenta et Solferino. Pour rétablir une relation franco-américaine qui avait connu avec de Gaulle de sérieuses périodes de tension, Georges Pompidou réserva aux États-Unis, en février 1970, sa première visite officielle : « Il était normal qu'elle fût pour le peuple américain, notre plus ancien, notre plus grand, notre plus constant ami et allié. » Valéry Giscard d'Estaing s'était rendu à Bangui, en mars 1975, pour le sommet franco-africain, qu'il avait coprésidé avec le général Bokassa. Après le Conseil européen de Luxembourg, le sommet du G7 à Ottawa et une rencontre à Londres avec Margaret Thatcher, François Mitterrand avait réservé son premier déplacement bilatéral officiel hors d'Europe à l'Arabie Saoudite, pour rassurer les monarchies pétrolières, inquiètes de l'arrivée au pouvoir en France d'un président considéré comme l'ami d'Israël, et d'un gouvernement socialiste incluant des ministres communistes. Il avait tenu à se rendre en Algérie six mois après son installation officielle.

Pour sa première visite officielle bilatérale après son élection, Jacques Chirac a choisi le Maroc puis, dans le même voyage, trois partenaires majeurs d'Afrique subsaharienne, la Côte-d'Ivoire, le Gabon et le Sénégal (19-23 juillet 1995).

La visite d'État au Maroc, quelques semaines seulement après son élection, est placée « sous le triple signe de l'amitié, de l'intimité politique et des retrouvailles franco-marocaines » après les deux septennats de François Mitterrand et des gouvernements de gauche, qui regardaient la relation avec le Maroc à travers le prisme des droits de l'homme et avaient davantage de sympathie pour l'Algérie. La publication en 1990 du livre de Gilles Perrault, *Notre ami le roi*, avait jeté une sérieuse ombre sur nos relations.

Jacques Chirac veut aussi rendre hommage au rôle modérateur et stabilisateur que joue le Maroc sur la scène arabe et proche-orientale, notamment dans le processus de paix israélo-palestinien. Le Commandeur des croyants est l'avocat d'un islam tolérant, modéré et ouvert sur le monde. D'où la visite symbolique du Président à la grande mosquée Hassan II de Casablanca.

Le Président et Mme Chirac aiment depuis longtemps le Maroc[1]. Ils ont des liens forts et anciens avec la famille royale. Aussi, l'accueil du roi Hassan II est-il très chaleureux. Le prince héritier Sidi Mohammed, futur

1. Ils séjournent régulièrement à « La Gazelle d'Or », à Taroudant.

Mohammed VI, et son frère Moulay Rachid, accompagnent leur père. Ils se tiennent en retrait, très respectueux. La « mère des princes », invisible en public, et les princesses prennent soin de Mme Chirac et de Claude, et dînent séparément avec elles. Escortée par des cavaliers en grand uniforme rouge, la Rolls-Royce royale à bord de laquelle ont pris place les deux chefs d'État roule sur une longue enfilade de tapis. Le dîner est le plus somptueux de ceux auxquels il m'ait été donné d'être invité pendant mes quatre années au Protocole. La petite délégation qui accompagne le Président est logée comme lui au palais des hôtes de Rabat. Chacun trouve à son arrivée dans sa chambre un écrin avec l'ordre du Ouissam alaouite qui lui est décerné à l'occasion de cette visite.

J'aurai l'occasion d'organiser plus tard la visite d'État du roi du Maroc en France, et de retrouver mon collègue Abdelhak El Merini. En 1995, il dirige le protocole royal depuis trente ans. Il y restera encore plus de dix ans, avant de devenir porte-parole du palais et historiographe du royaume. Son grand-père avait été le collaborateur du sultan Moulay Youssef. Dans ce monde d'intrigues qu'est la cour royale, son exceptionnelle longévité doit tout à sa compétence, à sa rigueur et à sa proverbiale discrétion.

Après Rabat et Casablanca, Jacques Chirac continue vers Yamoussoukro et Libreville, deux choix symboliques de son attachement particulier à l'Afrique : la Côte-d'Ivoire, pour se recueillir sur la tombe de Félix Houphouët-Boigny, aux funérailles duquel il a assisté comme ancien Premier ministre en 1994. Le Gabon, car Omar Bongo est un ami personnel de longue date, et le doyen des chefs d'État d'Afrique francophone depuis le décès d'Houphouët. Il emmène avec lui le ministre de la Coopération, Jacques Godfrain, et trois grands connaisseurs de l'Afrique :

son conseiller pour les affaires africaines Michel Dupuch, ambassadeur en Côte-d'Ivoire pendant quatorze ans ; Fernand Wibaux, qui avait été chef de cabinet de Gaston Defferre au moment de l'élaboration de la loi-cadre, puis ambassadeur au Mali et au Sénégal ; et, avec un statut à part dans la délégation, un petit monsieur très discret, Jacques Foccart, quatre-vingt-deux ans, ancien secrétaire général de la présidence de la République pour les affaires africaines et malgaches, cheville ouvrière centrale et mythique de notre politique africaine sous les septennats du général de Gaulle puis de Georges Pompidou. Il est tout heureux de sortir de sa retraite pour accompagner le Président, et celui-ci lui manifeste beaucoup d'égards. À bord du Falcon 900, avant chaque atterrissage, Jacques Foccart, qui aime et a accumulé les décorations tout au long de son long parcours africain, sort de son cartable une boîte à cigares dans laquelle il conserve les insignes de boutonnière de grand-officier de tous les ordres nationaux d'Afrique francophone. Il choisit celui qui correspond au pays visité et ne se trompe jamais.

À Yamoussoukro, le Président est accueilli par le successeur d'Houphouët, Henri Konan Bédié, qui a organisé un mini-sommet régional avec les présidents Blaise Compaoré (Burkina Faso), Gnassingbé Eyadema (Togo), Nicéphore Soglo (Bénin) et Mahamane Ousmane (Niger). Le Président se démarque du discours que François Mitterrand avait prononcé à La Baule, le 20 juin 1990, à l'ouverture de la 16e conférence des chefs d'État d'Afrique et de France. Dans un contexte de graves difficultés financières pour tous les pays du continent, la phrase qui avait inquiété à l'époque bon nombre de participants était : « La France liera tout son effort de contribution aux efforts qui seront accomplis pour aller vers plus de liberté ; il y aura une aide normale de la France à l'égard des pays africains, mais il est évident que cette aide sera plus tiède envers ceux qui se comporteraient de façon autoritaire, et plus enthousiaste envers ceux qui franchiront, avec courage, ce pas vers la démocratisation... S'agissant de démocratie, un schéma est tout prêt : système représentatif, liberté de la presse, indépendance de la magistrature, refus de la censure... À vous, peuples libres, à vous, États souverains, que je respecte, de choisir votre voie, d'en déterminer les étapes et l'allure. »

Cinq ans plus tard, Jacques Chirac déclare à ses hôtes : « Je suis de ceux qui croient en l'Afrique, qui croient qu'elle n'est pas frappée par la fatalité. Il est impossible de se poser en donneur de leçons, en prétendant défendre les droits de l'homme et la démocratie, qui supposent l'égalité des droits et des chances, et de laisser dans le même temps dériver des centaines de millions d'individus vers une misère croissante. L'Afrique, à son rythme, à sa manière qui doit être respectée, est en train de construire l'État de droit et fera, en cinquante ans, ce que d'autres ont fait en deux siècles. »

Le président de la République gabonaise a préparé pour son ami Chirac un accueil haut en couleur, avec force danses et chants, qui commencent dès l'arrivée du Falcon 900 sur le tarmac de l'aéroport Léon-M'Ba. Son entrée dans la ville, debout dans la Rolls-Royce découverte d'Omar Bongo, est triomphale. Le Président retrouve l'Afrique qu'il aime. Là aussi, il réunit les chefs d'État de la région : Paul Biya (Cameroun), Idriss Déby (Tchad), Ange-Félix Patassé (République centrafricaine), Pascal Lissouba (Congo). Le déjeuner-buffet offert par Omar Bongo est pantagruélique. Il fait très chaud et humide.

La salle à manger présidentielle est mal climatisée. Le foie gras fond à vue d'œil dans les assiettes. Le champagne est servi très généreusement.

Le Président avait promis à Omar Bongo de revenir « pour une vraie visite officielle ». Celle-ci se déroulera les 16 et 17 juillet 1996, à Libreville puis à Franceville, où les deux chefs d'État, en hélicoptère, se rendront sur le site d'exploitation de manganèse de la Comilog.

Claude Chirac me demande de faire de mon mieux pour que la Rolls-Royce de la première visite soit remplacée par une voiture moins voyante, correspondant mieux à l'image de simplicité que son père souhaite donner, à l'étranger comme en France. Je demande donc au chef du Protocole gabonais, lors de la seconde mission préparatoire, si nous ne pourrions pas avoir simplement l'une des Mercedes du parc présidentiel. Il refuse. Je comprends que je touche là à un point sensible. La Rolls décapotable est visiblement un des attributs du pouvoir auquel Omar Bongo tient beaucoup. Je vais voir la directrice de cabinet du Président, sa fille, Pascaline. Elle est contrariée par ma demande. J'insiste. Elle me promet d'en parler à son père.

Le jour J, à l'aéroport de Libreville, c'est à bord d'une Mercedes découverte qu'Omar Bongo invite Jacques Chirac à prendre place pour un nouveau parcours de chants et de danses. J'en remercie Pascaline. Il y a une lueur de malice dans son regard. Et pour cause : le lendemain, lorsque nous arrivons à Franceville, la Rolls-Royce est bien là !

La tournée se termine par Dakar. Jacques Chirac et Abdou Diouf sont liés par une véritable amitié. Le président de la République du Sénégal est impressionnant par sa taille et par son calme. Major de la dernière promotion de l'École nationale de la France d'outre-mer, il a été le plus proche collaborateur de Léopold Sédar Senghor, comme directeur de son cabinet, puis secrétaire général de la présidence, et enfin Premier ministre pendant dix ans. Il est président de la République depuis quatorze ans. Aux activités incontournables de toute visite officielle, il a proposé à Jacques Chirac d'ajouter un déplacement dans le quartier de Thiaroye, où la municipalité et la police ont créé un centre de sensibilisation et d'information sur les drogues. Les deux présidents échangent un long moment, autour de la table, avec les responsables du projet.

Au palais présidentiel, Abdou Diouf a réuni autour de Jacques Chirac les trois chefs d'État de la sous-région : Lansana Conté (Guinée), Ould Sid'Ahmed Taya (Mauritanie) et Alpha Oumar Konaré (Mali).

J'ai organisé la visite avec mon collègue sénégalais Bruno Diatta. Je le retrouvais avec plaisir chaque fois qu'Abdou Diouf venait à l'Élysée, ou à l'occasion des sommets franco-africains. Il fut nommé chef du Protocole par le président Senghor en 1979, puis confirmé dans ses fonctions par Abdou Diouf en 1981. Quand le président Diouf fut remplacé par Abdoulaye Wade dix-neuf ans plus tard, Bruno Diatta exprima le souhait d'être déchargé de ses fonctions pour partir à l'étranger comme ambassadeur. Wade refusa. Lorsque douze ans plus tard Macky Sall devint président de la République, Bruno Diatta réitéra sa demande. Pour le convaincre de rester, Macky Sall le nomma ministre, directeur du Protocole d'État, fonction qu'il exerça jusqu'à sa mort en 2018, près de quarante ans après sa première nomination. Secrets de son exceptionnelle longévité, le savoir-faire, la rigueur et la discrétion de Bruno Diatta étaient légendaires. Il était impossible de lui soutirer le moindre commentaire sur quiconque.

Il fut terrassé par une crise cardiaque en plein exercice de ses fonctions, sur le tarmac de l'aéroport de Dakar, alors que le gouvernement venait de saluer le Président qui partait pour Bamako où avait lieu la cérémonie d'investiture du nouveau chef de l'État malien. Macky Sall fit faire demi-tour à son avion, qui venait de décoller. Il décréta des obsèques nationales, décida de donner le nom de Bruno Diatta à la salle du Conseil des ministres et à la promotion en cours de scolarité de l'ENA sénégalaise. Le chef de l'État salua « une figure emblématique du Sénégal indépendant, qui aura porté jusqu'au bout la culture d'État, en témoin d'une bonne partie de l'Histoire de notre jeune Nation ».

Avec Philippe Séguin à Tunis

Trois mois plus tard, le Président se rend en Tunisie.

Le président Ben Ali est contesté dans son pays, et dans la presse française de gauche, pour la nature de son régime et pour sa politique, plus que discutable, en matière de droits de l'homme. Nous avons en outre des contentieux : censure de France 2 ; biens immobiliers appartenant à des Français ; couples franco-tunisiens séparés. La Tunisie attend de la France une augmentation de son aide publique au développement, alors que nous sommes déjà son premier bailleur de fonds bilatéral. Le but de la visite présidentielle[1] est de créer un bon climat pour faciliter le règlement de ces irritants. Et la Tunisie est vue depuis Paris comme un rempart contre l'islamisme.

Dans son discours au dîner d'État, Jacques Chirac salue chaleureusement les réformes économiques et sociales de son homologue tunisien. Il félicite Zine el-Abidine Ben Ali de poursuivre et d'accentuer la politique, qui était celle de Habib Bourguiba, de promotion et d'émancipation des femmes. Ces réformes, ajoute-t-il, sont les meilleures ripostes au fanatisme, à l'extrémisme et à l'intégrisme.

1. 4-5 octobre 1995.

« Or, nous savons, au contraire, que la religion musulmane est porteuse des valeurs de tolérance, de respect de l'autre et de diversité. À toutes les femmes et à tous les hommes qui vivent leur foi au travers d'un Islam ouvert sur le monde, la France adresse un message d'amitié et de respect. » Le Président accentue le message en se rendant en hélicoptère à Kairouan visiter la Grande Mosquée.

La préparation de la visite avec notre ambassadeur, mon oncle Jean-Noël de Bouillane de Lacoste, s'est déroulée sans difficulté, mais le Protocole tunisien est très contrôlé par la sécurité présidentielle. Jacques Chirac est accompagné par quatre ministres, et il a invité Philippe Séguin, qui est né et a grandi à Tunis. Les relations entre les deux hommes, qui remontent à la présidence de Georges Pompidou, n'ont jamais été simples. Au sein de la famille gaulliste, Séguin a défié Chirac en 1990, sans succès, pour la présidence du RPR, et la constitution d'une liste Séguin-Pasqua pour les élections européennes a ajouté à la tension. Ils ont eu un désaccord majeur sur le traité de Maastricht, que Philippe Séguin considérait comme une menace pour l'indépendance de la France, et à la ratification duquel il s'est opposé. Mais Jacques Chirac est élu sur le thème de la « fracture sociale », très cher, depuis longtemps, à Philippe Séguin. C'est pourquoi celui-ci s'attend à être nommé Premier ministre. Le Président explique dans ses *Mémoires* pourquoi il a fait un autre choix. « Je lui dois sans aucun doute une grande partie de ma victoire. J'admire sa stature intellectuelle, sa rigueur morale et la force de ses convictions, qu'il sait exprimer avec un talent oratoire exceptionnel. De surcroît, Philippe Séguin a été un excellent ministre des Affaires sociales dans le gouvernement de cohabitation que je dirigeai entre 1986 et 1988. Mais le moins qu'on puisse dire est que notre collaboration ne fut pas de tout repos. La moindre contrariété, le moindre désaccord pouvaient blesser Philippe Séguin et soulever chez lui des tempêtes fracassantes, qui mettaient du temps à retomber et à s'apaiser. Il n'était pas rare, dans ces cas-là, qu'il m'adresse des lettres orageuses, ou qu'il refuse de me prendre au téléphone après avoir brutalement interrompu notre conversation quelques instants avant. Philippe Séguin était ainsi, fougueux, exigeant, passionné, mais imprévisible et incontrôlable. Je ne suis pas sûr, pour tout dire, que sa personnalité fût adaptée à la fonction de Premier ministre, même s'il avait, naturellement, toute la compétence pour exercer la fonction[1]. »

Philippe Séguin a avec la Tunisie des liens personnels très forts. Engagé dans le 4e régiment de tirailleurs tunisiens, son père a participé à la libération de son pays natal et a été tué en 1944 dans les combats de Franche-Comté, alors que Philippe avait un an. Pupille de la Nation, il étudie au lycée Carnot et quitte Tunis pour la France en 1956, année de l'indépendance.

Le Président souhaite lui faire une bonne manière. Il m'appelle avant la mission préparatoire pour me dire qu'il attache beaucoup d'importance à la présence du président de l'Assemblée nationale. C'est pourquoi je dois prévoir, lors des déplacements à pied dans les rues de la capitale, un passage par la maison natale de Philippe Séguin et un dépôt de gerbe sur la tombe de son père, au cimetière français de Gammarth. Quelques jours avant notre départ, je suis chez mon coiffeur, c'est un samedi, et j'ai pris la précaution de laisser son numéro de téléphone fixe au secrétariat particulier en plus de celui de mon portable,

1. Jacques Chirac, *Mémoires*, tome II : *Le Temps présidentiel*, *op. cit.*

car je sais que le Président aime bien regarder pendant le week-end le programme de ses futurs déplacements à l'étranger. Le téléphone sonne. Mon coiffeur décroche. « Salon Lerbet, j'écoute. – Ici Jacques Chirac. Bonjour Monsieur Lerbet, je sais que M. Jouanneau est chez vous, pouvez-vous me le passer s'il vous plaît ? » Le coiffeur est interloqué. Le Président me reparle de Philippe Séguin. Il souhaite l'avoir à ses côtés pendant toute la visite. Je lui confirme que le président de l'Assemblée nationale sera placé partout avant les ministres, comme le prévoit l'ordre des préséances républicaines : « Oui, mais je compte sur vous, Daniel : il doit être à mes côtés, pas derrière moi avec les ministres. »

La visite se déroulera très bien, l'objectif politique sera rempli, et Philippe Séguin sera ému par les marques d'attention du Président et l'accueil des Tunisiens. Au moment de reprendre l'avion du retour vers la France, nous apprenons qu'un accident de voiture s'est produit, dans lequel un journaliste de notre délégation a été tué et un photographe gravement blessé. L'émotion est grande, et plusieurs de ses confrères préconisent le rapatriement immédiat du blessé vers la France. Claude Kalfon, le médecin de la délégation française, s'y oppose et décide avec le médecin personnel du président tunisien une hospitalisation d'urgence sur place, qui sauvera le photographe.

Boris Eltsine à Rambouillet

Manoir du XIVe siècle, agrandi puis fortifié sous Charles V, embelli aux XVe et XVIe siècles, le château de Rambouillet fut l'une des résidences de François Ier, qui venait y chasser et y mourut. Louis XVI et Marie-Antoinette, les Bourbons après la Restauration, puis Napoléon III, y résidèrent. À partir de 1883, les présidents de la République reprennent la tradition des chasses à Rambouillet. Jules Grévy, Sadi Carnot, Jean Casimir-Perier aiment le château. Celui-ci devient officiellement résidence présidentielle en 1896, sur décision de Félix Faure, et servira de résidence d'été pour tous les présidents des IIIe et IVe Républiques. Le Conseil des ministres s'y réunit même à l'occasion. De nombreux chefs d'État étrangers y sont reçus, comme le négus d'Éthiopie, Haïlé Sélassié, en 1954, à l'invitation de René Coty.

Puis les grandes réceptions officielles au château de Rambouillet s'espacent. Mais ce dernier offre toujours la possibilité commode de rencontres internationales à l'écart de la capitale, sans en être loin. Le général de Gaulle y invite à plusieurs reprises des chefs d'État. Nikita Khrouchtchev y passe trois jours (31 mars-2 avril 1960) à la fin d'une très longue visite officielle en France, qui compta dix étapes en province. Le drapeau de l'Union soviétique flottera de nouveau sur la tour médiévale du château lorsque Georges Pompidou en 1973, puis Valéry Giscard d'Estaing en 1974, y recevront Leonid Brejnev. C'est au château de Rambouillet que le président Giscard d'Estaing réunit le premier sommet des chefs d'État et de gouvernement des pays industrialisés (15-17 novembre 1975) dans un contexte mondial marqué par la crise de l'énergie, et une situation économique et financière préoccupante. Il considère indispensable une concertation directe entre chefs d'État et de gouvernement, « au coin du feu », avec, pour chacun, deux collaborateurs seulement, les sherpas, qui vont négocier la déclaration finale, première d'une longue série. Les autres participants étaient Gerald Ford, Harold Wilson, Helmut Schmidt et le Premier ministre japonais Takeo Miki. Mais, au moment où s'ouvre le sommet, un visiteur inattendu se présente à la grille du château : le président du Conseil italien, Aldo Moro. Les Cinq n'hésitent pas : l'Italie n'était pas prévue, mais il est impossible de ne pas l'accueillir. Le G5 est devenu en quelques minutes le G6. En contrepartie, pour équilibrer la représentation européenne, Gerald Ford et Henry Kissinger demandent que, lors de sa réunion suivante, le groupe soit élargi au Canada. Le sommet de 1976, à Londres, en présence du Premier ministre Pierre Elliott Trudeau, sera le premier du G7.

En 1975, le château n'était pas équipé pour une conférence internationale. Lorsque les délégations américaine et japonaise faisaient fonctionner en même temps leurs photocopieuses, l'électricité sautait.

Rambouillet est choisi en 1999 pour accueillir les négociations sur le Kosovo[1].

Le conflit entre les indépendantistes kosovars et la Serbie a resurgi en 1998, avec un cycle sanglant insurrection-répression. Les six pays du « groupe de contact » (États-Unis, France, Grande-Bretagne, Allemagne, Italie, Russie) se refusent à laisser Milošević étrangler le Kosovo, et appellent à des pourparlers de paix. Le Conseil atlantique autorise le déclenchement de frappes militaires si nécessaire. À l'invitation de Jacques Chirac, les négociations (6-23 février 1999) se tiennent dans la résidence présidentielle de Rambouillet. Ouvertes par le président de la République, coprésidées par le ministre des Affaires étrangères Hubert Védrine et son collègue britannique Robin Cook, elles sont, dès le premier jour, très tendues. Un dispositif de sécurité très important est déployé tout autour du château. Une batterie de missiles sol-air est installée dans le parc. Une manifestation rassemblera devant le château plus de vingt mille réfugiés kosovars venus de toute l'Europe.

C'est à Rambouillet que les deux délégations (vingt Serbes, vingt Kosovars) se rencontrent pour la première fois. Elles refusent de s'asseoir à la même table et de prendre leurs repas dans la même salle à manger. Trois diplomates, un Américain, un Russe, un Européen (en l'occurrence un Autrichien), sont présents à titre de « facilitateurs ». Les six ministres des Affaires étrangères du « groupe de contact » sont prêts à intervenir en cas de besoin. La conférence achoppe sur deux éléments essentiels du compromis proposé par le groupe de contact :

1. Elles se déroulent du 6 février au 22 mars 1999. Cf. Gabriel Keller, *Vers la guerre au Kosovo*, Fauves Éditions, 2021.

le déploiement de forces de l'OTAN au Kosovo et dans le reste de la Yougoslavie, inacceptable pour le président serbe Slobodan Milošević, et le principe d'une autonomie substantielle du Kosovo, insuffisant pour Hashim Thaçi et Ibrahim Rugova, représentants des Kosovars, qui revendiquent la pleine indépendance. Prolongée à deux reprises, la conférence se sépare sans accord. Elle reprend à Paris en mars, et c'est de nouveau l'échec. L'OTAN engage alors ses frappes contre la Yougoslavie.

En quelques jours, le secrétariat général de la conférence, assuré par le Quai d'Orsay, doit aménager le château. Même dans la salle la plus grande, il n'y a pas d'espace pour les cabines d'interprétation. Un équipement prêté par l'armée permet de les installer à l'extérieur. Afin que les interprètes puissent voir les intervenants, des caméras miniatures sont installées dans les salons qui accueilleront les négociations en petits groupes et les séances plénières.

À Rambouillet, les Serbes avaient pris les meilleures chambres, au premier étage. Très divisés entre eux, les Kosovars avaient eu du mal à se répartir les chambres plus petites du second. Si le dialogue politique était très difficile entre Serbes et Kosovars, les relations personnelles hors séances, finalement, ne furent pas si mauvaises. Tous acceptèrent en définitive de se retrouver pour les repas, ils festoyaient ensemble la nuit, et leurs soirées furent particulièrement arrosées.

Pour lui marquer une considération particulière, Jacques Chirac a proposé à Boris Eltsine de faire étape avec son épouse au château de Rambouillet pour une nuit, sur le chemin de New York où le président de la Fédération de Russie participera au 50e anniversaire des Nations unies (20-21 octobre 1995). Les deux présidents ont fait connaissance au sommet du G7 à Halifax (15-17 juin 1995), et le courant est très bien passé. Jacques Chirac rappelle dans ses *Mémoires* l'intérêt qu'il porte depuis sa jeunesse à la langue et à la culture russes. « Il faut connaître le génie d'une nation pour comprendre la psychologie de ses dirigeants. Ce que j'ai appris de la Russie, au fil de mes lectures et de mes contacts, suffit à me donner confiance en un président apparemment aussi facétieux et incontrôlable que Boris Eltsine. On l'a souvent dépeint sous les traits d'un personnage brutal et extravagant, aux humeurs changeantes, incapable d'un raisonnement continu, toujours ou presque sous l'empire de l'alcool. En réalité, Boris Eltsine est une force de la nature. Et ce qui me frappe surtout, depuis que je le côtoie, c'est la détermination, le courage et la pugnacité avec lesquels il s'est efforcé de remettre la Russie en selle depuis l'effondrement du système communiste, et ne cesse de vouloir normaliser les relations de son pays avec les autres grandes puissances[1]. »

Le président Eltsine est accueilli à Orly, avec honneurs militaires et hymnes nationaux, par Jacques Toubon, ministre de la Justice. Puis je l'accompagne en hélicoptère à Rambouillet, où le saluent le préfet des Yvelines, Claude Érignac, et le sénateur-maire, Gérard Larcher. Le Président et Mme Chirac les rejoignent dans l'après-midi, le Président pour un entretien et une séance photos dans le parc. Celle que retiendront les médias montre Boris Eltsine faisant semblant de viser un oiseau avec un fusil. Mme Chirac prend le thé avec Naïna Eltsina, puis l'accompagne à Chartres pour une visite de la cathédrale. Les deux couples dînent ensuite au château.

1. Jacques Chirac, *Mémoires*, tome II, *Le Temps présidentiel*, *op. cit.*

Quand mon collègue russe Vladimir Chevtchenko est venu préparer la visite, nous nous sommes mis facilement d'accord sur tout, sauf sur un point : il demandait cinquante badges pour les agents de la sécurité présidentielle, alors que nous avions prévu un dispositif conséquent pour la protection extérieure et intérieure de l'enceinte du château, avec un escadron de la gendarmerie mobile. J'avais rappelé la règle suivant laquelle, chez nous comme à Moscou, la sécurité relevait de la responsabilité de l'État qui accueille, pas de l'État qui rend visite, et j'avais refusé d'aller au-delà de dix badges. Vladimir en était très contrarié, et il était facile de comprendre qu'il était très contrôlé par le chef de la sécurité présidentielle, Alexandre Korjakov, général du KGB, très proche du Président et redouté par son entourage.

Le soir venu, à Rambouillet, le commissaire divisionnaire responsable du dispositif constate qu'il y a dans le parc beaucoup plus que dix agents de sécurité russes. Il découvre la supercherie : les dix premiers, une fois entrés, sont retournés à la grille donner leur badge à dix autres, et ainsi de suite, jusqu'à atteindre l'effectif de cinquante exigé par Korjakov.

Après le dîner, le Président et Mme Chirac regagnent Paris, et je reste au château pour permettre à la délégation russe d'avoir sur place un représentant du Protocole en cas de besoin. Avec deux collègues du ministère de l'Intérieur, nous occupons les petites chambres mansardées sous les toits. Tard le soir, j'entends un tintamarre invraisemblable, des éclats de voix et des cris à l'étage du dessous, où logent le président russe et ses plus proches collaborateurs. Je descends voir. Boris Eltsine et Alexandre Korjakov, en robe de chambre, parcourent le couloir en s'invectivant. Eltsine hurle. Ils sont tous les deux sérieusement éméchés.

Ils ont visiblement apporté de Moscou la quantité nécessaire de bouteilles de vodka.

C'est pourquoi je ne peux pas ne pas relever la remarque très aimable de Boris Eltsine, en ouverture de sa conférence de presse du lendemain à l'Élysée : « Je remercie tous ceux qui ont participé à cette visite, je les remercie pour les conditions de travail remarquables qui ont été créées et pour le repos qui m'a été accordé cette nuit. »

Les deux présidents évoquent la sécurité en Europe, et d'abord la Bosnie, où la Russie et les États-membres de l'OTAN interviennent en parallèle, mais doivent impérativement se coordonner. Jacques Chirac répète ce que nous l'avons souvent entendu dire en privé : « Je voulais aussi dire au président Eltsine que j'avais parfaitement conscience que la Russie était une très grande nation. Que les Russes étaient un très grand peuple, fort d'une longue histoire, d'une brillante civilisation, d'une forte culture, et, quels que soient les aléas du moment, la Russie est, et reste, un élément essentiel de l'équilibre du monde. Ceux qui ne s'en rendraient pas compte feraient une grave et dangereuse erreur. »

11 janvier 1996 : hommage solennel à François Mitterrand

Nous apprenons le lundi 8 janvier 1996, tôt le matin, la mort de François Mitterrand. Sa santé s'est aggravée à partir de juillet 1994 et de sa seconde opération. La période septembre 1994-mai 1995 a été jalonnée par des cycles de radiothérapie et de chimiothérapie, qui le fatiguaient. Il prenait sur lui mais, à certains moments, qui correspondaient à des phases du traitement, il souffrait beaucoup et ne pouvait pas le cacher. Il en parlait : « La radiothérapie, c'est comme si on vous passait un fer à repasser brûlant sur l'abdomen. » Mais il a tenu bon jusqu'au jour de son départ de l'Élysée. Il ne s'est jamais trouvé dans l'incapacité de gouverner. Pendant quelques jours seulement, il ne répondit plus lui-même à mes notes, et ses instructions sur des déplacements à préparer me furent transmises par Anne Lauvergeon.

Je suis convoqué pour 10 heures, par le président de la République, à une réunion à laquelle participent Dominique de Villepin, Bertrand Landrieu et André Rousselet, exécuteur testamentaire de François Mitterrand, qui nous lit les dernières volontés du président défunt. Il souhaite être enterré au cimetière de Jarnac, aux côtés de ses parents. Sur la forme que pourrait prendre un hommage officiel, François Mitterrand a écrit : « une messe est possible ». Avec l'accord d'André Rousselet, le président de la République décide qu'un hommage solennel sera rendu à Notre-Dame de Paris. Tous les chefs d'État et de gouvernement qui le voudront pourront y assister. La deuxième décision est d'organiser les deux cérémonies, celle de Paris et celle de Jarnac, le même jour, à la même heure, afin de garder à celle de Jarnac un caractère très familial et d'éviter que certaines hautes personnalités françaises ou étrangères ne veuillent assister aux deux, ce qui aurait compliqué encore l'organisation.

En fixant l'hommage à Notre-Dame pour le jeudi, j'ai le temps de mettre au point le dispositif avec mon équipe. Elle va immédiatement compter les chaises dans la cathédrale. Avec Annie Lhéritier, nous divisons la nef et les travées en grands blocs : gouvernement, hautes personnalités étrangères, anciens ministres de François Mitterrand, Parti socialiste. Le programme des chefs d'État et de gouvernement est réduit à l'essentiel : accueil à l'aéroport avec un cérémonial très réduit et transport par leur ambassade; messe; déjeuner à l'Élysée; retour à l'aéroport. Je consulte Jacques Senard, qui fut le chef du Protocole de Georges Pompidou, et a organisé à Notre-Dame, le 12 novembre 1970, la cérémonie solennelle à la mémoire du général de Gaulle. Il se rappelle que le moment le plus difficile, pour le Protocole, avait été la sortie de la messe. Les chefs d'État et les Premiers ministres étrangers étaient si nombreux que, même en espaçant les cortèges au minimum, le déjeuner offert par le président de la République avait commencé avec un très gros retard, et les premiers arrivés avaient attendu trop longtemps. Il me suggère de transporter nos invités étrangers en autocar. Cela n'avait jamais été envisagé à son époque. En fait, à la grande satisfaction de mes homologues étrangers car nous faisions jurisprudence pour les grandes rencontres internationales, nous avions inauguré cette formule le 8 mai 1995, afin de transporter les chefs d'État de la place de l'Étoile à l'Élysée pour le déjeuner. Comme la première fois, à l'exception de quelques-uns, qui voulaient utiliser pour des raisons de sécurité leur propre voiture acheminée spécialement à Paris (le vice-président des États-Unis Al Gore, Shimon Peres), tous acceptèrent de prendre le car.

La messe fut célébrée par le cardinal Lustiger, archevêque de Paris. Il commença sa réflexion sur le mystère de la mort par une citation de François Mitterrand, qui avait préfacé *La Mort intime* de Marie de Hennezel. « Comment mourir ? Nous vivons dans un monde que la question effraie et qui s'en détourne. Des civilisations, avant nous, regardaient la mort en face. Elles dessinaient pour la communauté, et pour chacun, le chemin du passage. Elles donnaient à l'achèvement de la destinée sa richesse et son sens. Jamais peut-être le rapport à la mort n'a été aussi pauvre qu'en ces temps de sécheresse spirituelle où les hommes, pressés d'exister, paraissent éluder le mystère. Ils ignorent qu'ils tarissent ainsi le goût de vivre d'une source essentielle. »

Roland Dumas fit appel à Barbara Hendricks pour une interprétation magnifique du *Pie Jesu* de Gabriel Fauré.

À l'extérieur, les milliers de personnes qui n'avaient pu pénétrer dans la cathédrale suivirent la messe sur grand écran depuis le parvis. Soixante chefs d'État et de gouvernement étaient présents. L'ordre des préséances, qui ne prend en considération que la date de prise de fonctions, plaçait au premier rang Fidel Castro, le prince Rainier, le président Eyadema. Plusieurs rois et reines, plus jeunes, étaient au deuxième rang. Lorsque j'ai salué à Villacoublay les chefs d'État qui repartaient, la reine Paola de Belgique se plaignit devant son mari du traitement qui leur avait été réservé : « Nous étions au deuxième rang, Albert, ce n'est pas normal. » Le roi des Belges lui répondit, en faisant en sorte que je puisse entendre : « La France est une République, chérie, ici les souverains ne passent pas avant les présidents. Et je ne suis roi que depuis deux ans. Le Protocole français a très bien fait son travail. »

Les médias retinrent l'émotion d'Helmut Kohl : le chancelier allemand, qui était l'un des amis les plus fidèles de l'ancien président français, n'avait pu retenir ses larmes.

Pour le déjeuner à l'Élysée, par tables de dix invités, je n'avais reçu qu'un message : Al Gore ne devait en aucun cas être placé à la même table que Fidel Castro. À l'issue du déjeuner, les invités se pressaient dans le vestibule d'honneur en attendant le cortège qui les reconduirait à l'aéroport. Leurs voitures étaient stationnées sur les Champs-Élysées, les conducteurs étaient appelés par radio, et tout ceci prit du temps. La reine Beatrix des Pays-Bas s'impatienta. Mme Chirac s'en aperçut et me le reprocha : « Monsieur l'Ambassadeur, on ne fait pas attendre les rois et les reines, cela n'est pas convenable, je vous demande d'y veiller la prochaine fois. » C'est après ce déjeuner que le Protocole fit repartir par le parc et la grille du Coq, quand les chefs d'État étaient nombreux, une partie des cortèges.

Rafic Hariri, Hosni Moubarak

En 1996, Jacques Chirac effectue au Proche-Orient deux déplacements. Il réserve le premier au Liban et à l'Égypte (4-8 avril). Le second (19-25 octobre) est une tournée qui le conduit successivement en Syrie, en Israël, à Jérusalem, dans les Territoires palestiniens et, de nouveau, au Liban et en Égypte pour des étapes plus brèves.

Le Président a un objectif essentiel : faire en sorte que la France participe efficacement aux efforts de paix et de réconciliation dans la région ; établir avec Benyamin Netanyahou une relation de confiance ; relancer notre politique arabe et méditerranéenne. Avant et après la mission préparatoire, rarement voyages présidentiels auront été aussi minutieusement préparés sur le fond, par un très gros travail de Jean-David Levitte, de son adjoint pour le Maghreb, le Moyen-Orient et l'Amérique latine, Bernard Émié, et de la direction d'Afrique du Nord et du Moyen-Orient du Quai d'Orsay. Les échanges ont été très denses entre Paris et nos ambassadeurs afin de mettre au point thèmes d'entretien, messages et discours.

Le choix du Liban, comme premier État visité au Proche-Orient, est très symbolique. L'attachement particulier de Jacques Chirac à ce pays s'inscrit dans la continuité gaulliste, et les liens personnels très étroits qu'il a noués, comme maire de Paris, avec le Premier ministre Rafic Hariri, le renforcent encore. Il est le premier chef d'État occidental à se rendre à Beyrouth depuis la fin de la guerre civile. François Mitterrand y avait fait un déplacement de quelques heures après l'attentat du Drakkar du 23 octobre 1983, dans lequel 58 parachutistes français de la Force multinationale de sécurité avaient trouvé la mort. Le Président entend manifester le soutien complet de la France à la reconstruction du pays. Dès l'accueil à l'aéroport, le cérémonial libanais reflète le compromis trouvé à Taëf en 1989 entre les différentes forces politiques pour mettre fin à quinze ans de guerre civile. Taëf a réduit le rôle du chef de l'État au profit du président du conseil et du gouvernement. Les trois plus hauts personnages de l'État s'avancent ensemble, côte à côte, au pied de l'échelle de coupée : c'est ce que la presse appelle la troïka. Le président de la République, Elias Hraoui, maronite, est encadré par le président de la Chambre des députés, Nabih Berri, chiite, et par le président du conseil, Rafic Hariri, sunnite.

Lors de la mission préparatoire, nous bâtissons avec notre ambassadeur Jean-Pierre Lafon un programme respectant les équilibres institutionnels libanais. Le Président a accepté de loger au palais présidentiel de Baabda, et n'a pas insisté, contrairement à son habitude, pour aller à l'hôtel, ce qui est très apprécié par Elias Hraoui. Il prend la parole devant la Chambre des députés, ce qui met en valeur Nabih Berri. Il inaugure avec Rafic Hariri l'École supérieure des affaires, très beau symbole d'une coopération qui prend un nouveau départ. La France apporte le terrain et le bâtiment de son ancienne chancellerie de la rue Clemenceau, qu'elle transforme ;

la Chambre de commerce et d'industrie de Paris, à travers HEC et l'ESCP, fournira le corps enseignant ; la Banque du Liban financera le fonctionnement. L'ESA sera un grand succès.

Rafic Hariri est très impressionnant. De tous les dirigeants libanais de cette époque, il est le seul à avoir la stature d'un homme d'État. Il a une vision nationale pour le Liban, alors que les dynasties politiques libanaises s'enlisent dans leurs rivalités locales et confessionnelles. Son ambition est d'abord de reconstruire Beyrouth, ravagée par quinze ans de guerre civile, parce que, dit-il, la capitale est pour l'extérieur la vitrine du Liban et il faut commencer par là. Il veut réconcilier son pays, théâtre pendant quinze ans de sanglants affrontements entre clans et entre religions. Il entend aussi le conduire vers la plus grande autonomie possible à l'égard de la Syrie, omniprésente au Liban par ses soldats, ses services de renseignements, sa surveillance de tous les cercles de la société civile, et ses comptes en banque. Rafic Hariri essaie de mener une politique étrangère indépendante, tout en veillant scrupuleusement à ne pas inquiéter les dirigeants syriens, auxquels il va régulièrement rendre compte à l'issue de ses voyages à l'étranger avant de revenir à Beyrouth.

Fils d'un jardinier de Saïda, Hariri a bâti sa fortune sur un coup de génie. Parti travailler en Arabie Saoudite avec son diplôme universitaire d'expert-comptable, il découvre les grands projets d'infrastructure du roi Khaled et décide de se lancer dans le BTP. En rachetant une firme française d'ingénierie, Oger, dont les ingénieurs venaient d'achever les premières tours du quartier de La Défense, il peut relever le défi, en 1979, que représente la construction en un temps record du palais royal de Taëf, irréalisable de l'avis des grandes entreprises de la région. Cette performance lui ouvre la voie de tous les grands chantiers ultérieurement décidés par le successeur de Khaled, le roi Fahd. Jacques Chirac connaît Rafic Hariri depuis les années 1980, et a avec lui et sa famille des liens personnels très forts.

J'ai eu l'occasion de saluer le Premier ministre du Liban à chacune de ses visites privées en France. Quand son Boeing 737 personnel se pose au Bourget, on s'aperçoit qu'il transporte un seul passager : lui. Il s'installe au volant de sa Mercedes jusqu'à son hôtel particulier de la place d'Iéna, et m'invite chaque fois à l'accompagner avec son conseiller basé à Paris, Basile Yared.

Rafic Hariri offre en l'honneur de son ami Chirac un dîner grandiose dans son palais de Koraytem : 1000 invités, soit 100 tables de 10, avec un bataillon de serveurs en proportion. À la fin du dîner, le Président parle avec émotion du Liban et de ce qu'il représente pour la France, et rend un hommage particulièrement chaleureux et personnel à Rafic Hariri. Il lui remet les insignes de grand-croix de la Légion d'honneur, ce qui est un geste exceptionnel : la règle est que nous décorons les chefs de gouvernement étrangers de la grand-croix de l'ordre national du Mérite, comme le Premier ministre français.

Mais au Liban, il ne faut jamais oublier les églises ! Le Président veut marquer nos liens historiques et privilégiés avec l'Église maronite, dont le patriarche était venu demander à Poincaré et Clemenceau, en 1919, l'appui de la France à la proclamation d'un Liban indépendant de la Syrie. Il se rend à Bkerké, siège du patriarcat, pour l'office du vendredi saint, célébré par le cardinal Nasrallah Sfeir. Il reconnaît ainsi le rôle politique du patriarche, seul responsable libanais à oser dénoncer haut et fort, dans ses homélies hebdomadaires, l'occupation syrienne. Le Président recevra les autres chefs religieux à la résidence provisoire de Mar Takla, sur les hauteurs de Beyrouth, qui héberge notre ambassadeur depuis l'évacuation en 1982 de la résidence des Pins, gravement endommagée par l'artillerie israélienne. Décidée par François Mitterrand sur proposition d'Alain Juppé, la reconstruction de la résidence des Pins, témoin historique de la présence française depuis la proclamation du Grand Liban en 1920 par le général Gouraud, est confirmée par Jacques Chirac. Le Président reviendra l'inaugurer en 1998.

Les autorités libanaises ont mis les bouchées doubles pour assurer la sécurité du Président. Mais la petite équipe du GSPR venue de Paris doit faire preuve de beaucoup de sang-froid lorsque, au patriarcat, une foule de jeunes soldats et miliciens maronites enthousiastes veulent s'approcher du Président en brandissant fièrement leurs fusils d'assaut.

Lorsqu'il transporte le Président au quartier général de la FINUL, à Naqoura, près de la frontière israélienne, l'hélicoptère italien des Nations unies ne suit pas le trajet convenu mais survole à basse altitude, de longues minutes, la banlieue sud de Beyrouth, chiite, où réside le secrétaire général du Hezbollah, Hassan Nasrallah. L'aide de camp du Président, le lieutenant-colonel Xavier Laure, montre les toits des immeubles hérissés d'affûts de canons anti-aériens pas très rassurants. Jacques Chirac lui répond avec un grand sourire : « *Inch'Allah !* »

De Beyrouth, le Président se rend au Caire. Hosni Moubarak a le grand mérite de poursuivre la politique de paix avec Israël, que Sadate a payée de sa vie, alors même que l'islamisme radical ne cesse de progresser. Lorsque Jacques Chirac est accueilli dans l'un de ces palais présidentiels au mobilier trop doré et aux décors « Louis Farouk », je repense à mes débuts au Protocole, au printemps 1993. Le jour de ma prise de fonctions coïncidait avec une visite à Paris du président égyptien. Hosni Moubarak vient au moins deux fois par an, en général au retour d'une visite à Washington. Il loge à l'hôtel de Marigny, tout près de l'Élysée, que Georges Pompidou avait fait acheter par l'État pour en faire une résidence destinée à l'hébergement des chefs d'État en visite d'État. C'est une marque d'attention personnelle de la part de François Mitterrand, que Jacques Chirac reprendra, car ces brèves visites de Moubarak sont des visites officielles, pas des visites d'État. Hosni Moubarak apprécie le calme et la sécurité offerts par cette résidence présidentielle. François Mitterrand estime cet hôte qui dirige un pays essentiel pour la stabilité du Moyen-Orient, et qui a de multiples contacts avec les dirigeants de la région. Chaque visite permet aussi de faire avancer nos grands projets de coopération. Moubarak, très bien informé et conseillé par son ambassadeur à Paris, Aly Maher El-Sayed, cultive ses liens avec les responsables politiques français en les recevant en audience à Marigny.

Après le déjeuner traditionnel à l'Élysée, je raccompagne le président Moubarak à Marigny. Au moment du départ pour Orly, son chambellan, Ashraf Bekir, lui signale que j'ai commencé ma carrière au Caire en 1974, lorsqu'il était le vice-président d'Anouar el-Sadate. Hosni Moubarak m'invite alors à prendre place à ses côtés, honneur rarissime pour un chef du Protocole. Je ferai avec lui, en quatre ans, une dizaine de trajets de vingt minutes. Parfois il somnole, parfois il se lance dans une grande tirade contre Kadhafi, son voisin et meilleur ennemi. Mais presque toujours, lorsque le cortège longe les Invalides, il me demande ce qu'il y a sous le dôme. Il oublie d'une fois sur l'autre : « *Ah, yes, I forgot, Napoleon !* »

Le temps fort de la visite de Jacques Chirac en Égypte est le long discours qu'il prononce à l'université du Caire. Il salue la civilisation égyptienne, rappelle les grandes figures qui ont marqué les échanges entre la France et l'Égypte. Il s'abstient d'évoquer Bonaparte, dont l'expédition d'Égypte est toujours sujet à controverse, mais cite Champollion et Lesseps. Hosni Moubarak tient son pays d'une poigne de fer, et les ONG dénoncent les violations de droits de l'homme. Jacques Chirac aborde le sujet avec précaution. « Notre fidélité aux droits de l'homme, à des valeurs universelles de justice, de tolérance et de liberté, ne doit pas nous empêcher de reconnaître que ces valeurs peuvent s'exprimer sous des formes différentes, à travers nos cultures et à travers nos traditions respectives. » Il évoque les attentats perpétrés en France et dans la région, et envoie un message aux musulmans de France : « La France est aux côtés de tous ceux qui combattent l'extrémisme, le fanatisme et les forces de la haine, où qu'elles se manifestent dans le monde. Je salue ici les musulmans de France, qui vivent leur foi dans la tolérance et dans l'ouverture à l'autre. Le gouvernement français entend veiller à leur plein épanouissement, dans la dignité et dans le respect des lois de notre République. »

Comme il l'a fait devant le Congrès des États-Unis pour la relation transatlantique, et à Singapour pour le partenariat euro-asiatique, le Président expose au Caire, siège de la Ligue arabe, sa vision d'un vaste espace de coopération France-Europe-Méditerranée-Monde arabe. Il insiste sur un juste règlement du conflit israélo-palestinien, redit que la sécurité d'Israël passe par la reconnaissance du droit des Palestiniens à avoir un État, plaide pour une plus grande implication de l'Europe. Il se fait l'avocat du dialogue à construire entre les deux rives de la Méditerranée, dans la dynamique du processus de Barcelone, activé à l'initiative de la France quelques mois plus tôt.

Au cours de la mission préparatoire, j'avais insisté pour que l'auditoire soit en majorité composé d'étudiants, car il y aurait à travers eux un message de notre président à l'intention de la jeunesse arabe. J'avais suggéré, pour les images, qu'ils soient nombreux dans les premiers rangs du grand amphithéâtre. Le jour J, il est clair que mon message n'est pas du tout passé. La sécurité égyptienne a eu le dernier mot. Les premiers rangs sont constitués de policiers bien reconnaissables, derrière eux le corps enseignant, et tout au fond quelques visages d'étudiants.

La visite met en valeur une coopération franco-égyptienne substantielle et multiforme.

La réussite des grands groupes français sur le marché égyptien est illustrée par l'inauguration des travaux d'extension du métro du Caire. Jacques Chirac et Hosni Moubarak inaugurent également un grand hôpital très moderne, Kasr-El Aïni, qui bénéficie de notre appui. La dimension culturelle de toute visite officielle en Égypte n'est pas négligée. Le Président a invité à l'accompagner l'un de nos plus éminents égyptologues, Jean Leclant, secrétaire perpétuel de l'Académie des inscriptions et belles-lettres. Il visite sous sa conduite le Musée égyptien, créé en 1902 et longtemps dirigé par d'éminents égyptologues français. Il inaugure le centre culturel français de Mounira, et se rend sur le site de Saqqarah. Un déjeuner-buffet très sympathique a été préparé sur la terrasse de la maison des archéologues français. Jean-Philippe Lauer, qui fouille la pyramide à degrés depuis

1926, fait au Président les honneurs du site et lui présente ses dernières découvertes. C'est un phénomène : à quatre-vingt-quatorze ans, il garde toujours le même enthousiasme juvénile que lorsque je l'ai connu vingt ans plus tôt, quand j'étais en poste au Caire.

Nous dînons dans une des plus belles maisons ottomanes du Vieux Caire, Beit Harawi, datant du XVIIIe siècle, restaurée grâce à une équipe franco-égyptienne d'architectes.

Avant de regagner Paris, le Président s'arrête à Alexandrie et se fait présenter le chantier de fouilles sous-marines conduit par Jean-Yves Empereur et l'équipe de plongeurs-archéologues du Centre d'études alexandrines. Leurs travaux, financés par la fondation Elf Aquitaine et par EDF, ont permis de retrouver, sur le site du Phare antique et au pied du fort de Qait Bay, par huit mètres de fond, des vestiges de temples grecs et pharaoniques. De grandes statues et des colonnes ont été remontées à la surface. Devant le Président et la délégation, une spectaculaire opération de levage fait sortir de l'eau une tête colossale de granit rose, ruisselante. C'est celle d'un Ptolémée. La grue la fait pivoter. Elle tourne son regard vers nous, alors que le soleil se couche sur la rade. C'est une magnifique fin de voyage.

L'incident de Jérusalem

Jacques Chirac retourne au Proche-Orient en octobre 1996. Il entend à la fois renforcer notre dialogue politique et nos coopérations avec chacun des pays visités, et rappeler à chaque étape quelques vérités simples : la sécurité d'Israël sera garantie par la paix, et non par la force ; les Palestiniens sont une nation, ils ont droit à un État ; cet État sera le seul à pouvoir offrir à Israël les garanties nécessaires à sa sécurité ; le temps, enfin, joue contre la paix : les fanatiques religieux des deux bords sont aux aguets.

La situation dans la région est très tendue. Les progrès intervenus entre Israël et les Palestiniens depuis les accords d'Oslo de 1993 sont remis en question. Les attentats terroristes palestiniens en Israël frappent durement la population civile. Au printemps 1996, un attentat-suicide dans un autobus de Jérusalem, puis une série de raids du Hezbollah à partir du territoire libanais ont conduit Shimon Peres à ordonner contre les positions du Hezbollah dans le Sud libanais l'opération « Raisins de la colère ». Il y a une énorme bavure. Le 18 avril, 106 civils libanais sont tués à Cana, dans le bombardement du camp des Nations unies où ils s'étaient mis à l'abri. À la demande de Jacques Chirac, le ministre des Affaires étrangères, Hervé de Charette, entame une navette diplomatique sans précédent, de deux semaines, entre Tel Aviv, Beyrouth et Damas, qui aboutit à un cessez-le-feu au Liban-Sud et à la mise en place d'un mécanisme de surveillance, qui se révélera très efficace, réunissant autour de la même table, pour la première fois, des représentants libanais, syriens et israéliens sous coprésidence américaine et française.

Peu après, ce sont les élections législatives en Israël et l'arrivée au pouvoir de Benyamin Netanyahou, qui est l'homme du triple refus : refus d'un État palestinien ; refus d'un retrait du Golan syrien ; refus d'un partage de souveraineté à Jérusalem avec les Palestiniens.

Le voyage commence par Damas. Nos relations avec la Syrie n'ont jamais été faciles. La Syrie ne nous a jamais pardonné de l'avoir amputée du Liban en 1920, lors du redécoupage du Proche et du Moyen-Orient consécutif à l'effondrement de l'Empire ottoman. Le Liban reste entre Paris et Damas la pomme de discorde centrale, qui a toujours compliqué les relations bilatérales. L'assassinat de notre ambassadeur au Liban, Louis Delamare, le 4 septembre 1981, par un commando de miliciens à la solde des services syriens, les a gravement altérées. Le Président veut les normaliser et espère convaincre la Syrie de desserrer sa tutelle sur le Liban en établissant une bonne relation personnelle avec Hafez el-Assad. Il y est fortement encouragé par Rafic Hariri.

Il est facile de constater dès la mission préparatoire que Jacques Chirac sera le bienvenu à Damas. La visite permet d'apurer un vieux contentieux financier et de renégocier – c'est la mission qu'a menée à bien, juste avant l'arrivée du Président, le secrétaire d'État aux Finances, Hervé Gaymard – les termes de la dette syrienne à l'égard du

Trésor français. Jacques Chirac encourage Hafez el-Assad à sortir la Syrie de son isolement en renouant le dialogue avec Israël. Il a avec le président de la République syrienne des entretiens prolongés, et une relation plus personnelle s'établit[1]. Très perceptibles en même temps sont l'atmosphère de crainte qui règne dans l'entourage d'Hafez el-Assad et le contrôle de ses services de sécurité sur le Protocole. Dans les grands salons du massif palais présidentiel, tout en haut de la colline surplombant la capitale, tout le monde fait silence lorsque le raïs paraît, visage ascétique, impassible.

Ensuite, c'est la visite en Israël, particulièrement attendue par les médias français, nombreux à couvrir le déplacement présidentiel.

Lors de la mission préparatoire, j'avais bien senti, dans nos réunions au ministère israélien des Affaires étrangères, que le Président serait reçu avec une certaine appréhension. Sur le fond, le choc est frontal entre la vision française du règlement de paix et la politique du nouveau Premier ministre israélien, pour lequel la France est suspecte dès lors qu'elle refuse de s'engager unilatéralement, et de manière quasi inconditionnelle, aux côtés d'Israël, comme le font les États-Unis. De toute évidence, le déplacement, même bref, de Jacques Chirac à Ramallah pour rencontrer Yasser Arafat et le Conseil législatif palestinien, puis à Gaza, ne fait pas particulièrement plaisir à nos interlocuteurs. Son intention de se rendre dans la partie occupée de Jérusalem les rend très nerveux. En somme, ils se méfient.

Entre la mission préparatoire et la visite, nous apprenons que le gouvernement Netanyahou s'oppose à ce que notre

---

1. Jacques Chirac sera le seul chef d'État occidental à assister aux obsèques d'Hafez el-Assad.

ministre des Affaires étrangères se rende symboliquement à la Maison d'Orient, siège officieux de l'OLP à Jérusalem-Est, comme le font aussi ses collègues européens. Pour ne pas envenimer les choses sans paraître céder à cette exigence, le Président demande à Hervé de Charette de ne pas l'accompagner en Israël, et à Hervé Gaymard de se rendre à la Maison d'Orient.

La visite en Israël commence pourtant plutôt bien. Le président Ezer Weizman offre un déjeuner et un dîner officiels. Il est très cordial. Jacques Chirac lui remet la grand-croix de la Légion d'honneur et épingle sur son veston son propre insigne de boutonnière. La rencontre avec les étudiants de l'Institut de technologie Technion, à Haïfa, se déroule sans problème. Il en va de même de la brève visite (sans discours) à la Knesset. Puis deux étapes très émouvantes : le mémorial de Yad Vashem et la tombe d'Yitzhak Rabin.

La visite à Jérusalem, le lendemain, intervient moins d'un mois après « l'intifada du tunnel » (septembre 1996) qui a vu des émeutes éclater, notamment autour de la mosquée al-Aqsa, après que des « archéologues » israéliens eurent creusé un tunnel entre le Mur des Lamentations et la Via Dolorosa, débouchant en plein quartier musulman. Il y a eu des morts. Et des traces de sang marquent encore les pavés de l'esplanade des Mosquées. C'est dans une Jérusalem-Est sous le choc que la visite présidentielle va se dérouler.

Accompagné par de nombreux journalistes, le Président se rend dans la Vieille Ville.

Le projet de circuit dans Jérusalem sur lequel a travaillé la mission préparatoire, avec notre consul général Stanislas de Laboulaye, était hautement symbolique : il s'agissait d'honorer les trois monothéismes par un passage au Saint-Sépulcre, un accueil à Al-Aqsa, et un moment de recueillement au Mur des Lamentations. J'avais insisté auprès de mon homologue israélien sur la volonté du Président de faire ce trajet à pied. La sécurité israélienne avait objecté que c'était dangereux, que c'était « plein d'Arabes ». Elle insistait au contraire pour qu'il se rende d'une étape à l'autre à bord d'une Cadillac blindée, ce que j'avais refusé.

D'où l'exaspération des Israéliens lorsque Jacques Chirac, au lieu de revenir sur ses pas après l'étape du Saint-Sépulcre pour reprendre la voiture qu'ils voulaient lui imposer, traverse l'esplanade, fait ouvrir la porte au fond, et entre dans le quartier arabe afin de parcourir la Via Dolorosa jusqu'à l'entrée de l'esplanade des Mosquées. Cette arrivée inattendue du chef de l'État français sidère les commerçants palestiniens, qui l'applaudissent devant leurs échoppes. Les Israéliens, pris de court, n'ont pas disposé de policiers, de garde-frontières ou de soldats dans ce quartier de la ville qui leur fait peur, et ne réussissent que tardivement à rattraper le cortège emmené à grandes enjambées par le Président.

La sécurité est très énervée. Accourus d'urgence, les policiers israéliens bloquent chacune des ruelles pour empêcher le Président d'aller au contact direct de la population et serrer des mains, comme il aime le faire partout. En l'occurrence, ce sont les paisibles commerçants palestiniens du quartier qui essaient de l'approcher. La police forme un bouclier autour du Président et repousse avec brutalité la centaine de journalistes et de photographes, pris dans une incroyable bousculade et hors d'état de faire leur métier. C'est alors que Jacques Chirac, excédé, s'emporte contre le premier policier israélien posté devant lui : « C'est insupportable, qu'est-ce qu'il y a encore comme problème? Je commence à en avoir assez! *What do you want? Me to go back to my plane and go back to France, is that what you want? Then let them go! Let them do! No that's... no, no danger, no problem! This is not a method! This is provocation! That is provocation! Please you stop now!* » Les images font instantanément le tour du monde, et valent au chef de l'État une immense popularité dans tout le monde arabe et musulman.

Un second incident a lieu un peu plus tard quand Jacques Chirac se rend à l'église Sainte-Anne, qui fait partie du Domaine national français en Terre sainte depuis qu'elle a été donnée à Napoléon III par le sultan, en remerciement de l'aide de la France à l'Empire ottoman pendant la guerre de Crimée. Une réception est prévue par le patriarche latin de Jérusalem, Mgr Michel Sabbah.

Les religieux nous alertent : des soldats israéliens ont pénétré dans le jardin, alors que la France est chez elle. Jacques Chirac refuse d'entrer tant qu'ils ne seront pas tous partis. Il se tient immobile devant le porche, avec à ses côtés notre consul général, en uniforme. Je vais voir le chef du détachement de sécurité israélien. Il téléphone à son supérieur, qui lui donne le feu vert. Les soldats quittent Sainte-Anne un par un, sans hâte excessive. À ce moment-là, un des Pères blancs court vers moi. Il a aperçu un dernier soldat caché derrière les buissons! Je vais le voir. Il sort en maugréant. La visite peut commencer. Le Président, visage fermé, a patienté dix minutes devant l'entrée de l'église. Il prononce devant les religieux français de Jérusalem un discours sur la France protectrice des chrétiens d'Orient, façon de rappeler aux

Israéliens la légitimité française dans cette région, bien avant la création d'Israël.

Le Président donne instruction à notre ambassadeur, Jean-Noël de Bouillane de Lacoste, d'adresser au ministère israélien des Affaires étrangères une vigoureuse note de protestation. Elle produit son effet : quelques heures plus tard, lors de la conférence de presse, Benyamin Netanyahou présente ses excuses à Jacques Chirac. Il n'a pas pensé mal faire. Depuis l'assassinat d'Yitzhak Rabin, la protection des hautes personnalités est une priorité absolue, « davantage encore lorsque Israël invite un ami très cher ». Le Président déclare que l'incident est clos. Les entretiens confirment les positions inflexibles de Netanyahou sur l'extension des colonies israéliennes en Cisjordanie et sur le Golan, ainsi que sur le blocus du port de Gaza, qui rend impossibles les travaux de modernisation financés par l'Union européenne

La visite à Ramallah, le lendemain, est un événement historique pour les Palestiniens. Jacques Chirac est le premier dirigeant occidental à se rendre en Cisjordanie, à s'adresser à son parlement, à dire aux Palestiniens ce qu'ils ont envie d'entendre : condamnation sévère de la politique israélienne de colonisation ; pas de paix durable sans véritable État palestinien. À l'arrivée du Super Puma présidentiel acheminé depuis Paris, le Président est accueilli par une foule énorme et par un Yasser Arafat radieux. La police palestinienne joue une *Marseillaise* un peu approximative, émouvante, avec de vieux instruments de cuivre cabossés. Sur le parcours, la liesse est indescriptible. Les banderoles célèbrent « Chirac, l'ami de la Palestine ». On a l'impression que tout Ramallah est là. Des écoliers en uniforme agitent de petits fanions français. Le discours d'Arafat au Parlement a une allure de SOS.

« Du plus profond de mon être, je vous dis que nous avons besoin du docteur Chirac pour donner une impulsion nouvelle et sauver le processus de paix. » En se rendant dans le petit bureau d'Arafat, le Président demande à l'aide de camp, Peer de Jong : « Mon colonel, vous n'auriez pas par hasard avec vous une grand-croix de la Légion d'honneur ? » L'aide de camp en avait toujours une pour le cas où. « Je n'ai pas vraiment le droit, ajoute le Président, car la Palestine n'est pas un État, mais je suis grand maître de l'Ordre ! » Et la remise des insignes se fit en catimini dans le petit bureau.

À Gaza, les foules sont également très chaleureuses. Les deux présidents inaugurent une rue du Général-de-Gaulle. Ils se rendent sur le site du projet de port en eau profonde, qui ne verra jamais le jour par suite de l'obstruction israélienne.

De Gaza, nous nous rendons à l'aéroport égyptien d'El-Arich, de l'autre côté de la frontière, d'où le Falcon 900 nous emmène à Amman. J'ai eu l'occasion de saluer déjà deux fois le roi Hussein à Paris. Comme Hosni Moubarak, et pour les mêmes raisons, il aime faire escale à Marigny avant ou après un séjour aux États-Unis, où il se rend régulièrement pour des contrôles médicaux. Souverain depuis quarante-sept ans, il est le doyen des chefs d'État arabes, et il a surmonté toutes les épreuves possibles : défaites militaires contre Israël, complots, attentats. Traditionnellement, quand l'Airbus royal se pose à Orly, le roi est aux commandes, très souriant, et on le voit dans le cockpit remettre sa veste avant de descendre. Il est simple, chaleureux, attentif à tous, n'oubliant jamais de serrer la main du commandant de l'escorte motocycliste de la préfecture de police. Il parle d'une voix douce. Tous ses interlocuteurs français sont sous le charme.

La visite en Jordanie a été facile à organiser. Le chef du Protocole royal, Ayman Majali, appartient à une grande famillc jordanicnnc, son père a été Premier ministre, et il fait partie du proche entourage du roi Hussein. Lors de la mission préparatoire, il accepte tout de suite que le Président et la délégation soient logés à l'Intercontinental d'Amman plutôt qu'à la résidence réservée aux hôtes étrangers, point auquel tient notre président. Au dîner offert par le Président à la résidence de notre ambassadeur, Bernard Bajolet, le roi prononce un toast plus personnel que bien des discours de repas officiels : « J'ai eu pour ma part l'honneur d'avoir des contacts avec le grand homme et le grand leader que fut le général de Gaulle, qui se caractérisait par le plus haut degré d'anticipation et de sagacité politique, ainsi qu'avec mon ami, le grand homme de lettres, le défunt président François Mitterrand, qui aima cette région et participa de tout son cœur et de son esprit à la recherche d'un avenir meilleur. J'ai été heureux de l'avoir comme frère et ami. Nos relations étaient basées sur la franchise, la confiance et le respect mutuel. Quant à vous, Monsieur le Président, vous êtes un ami de longue date et un compagnon de route. En votre personne se sont concentrés tous les aspects de la connaissance des aspirations de tous les peuples de la région et le courage de viser juste. Et vous restez le cher ami et frère. » Faciles à organiser ont été également la visite au Liban, la deuxième de l'année, et l'escale à l'aéroport du Caire, au retour, pour un entretien avec Hosni Moubarak. À Beyrouth, après une nouvelle série d'entretiens avec les dirigeants politiques, le Président rencontre des représentants des étudiants au Centre culturel français.

Jean-Paul II

Le protocole des visites officielles au Saint-Siège est immuable, et il n'y avait rien à négocier pour celle de Jacques Chirac, les 19 et 20 janvier 1996. Le pape reçoit son invité à 11 heures, puis celui-ci rend visite, à l'étage au-dessous, au numéro deux du Saint-Siège, le secrétaire d'État, audiences suivies de la présentation du corps diplomatique, et enfin d'une visite de la basilique Saint-Pierre. Le Président prendra possession, à la basilique de Saint-Jean-de-Latran, de son titre de chanoine d'honneur, tradition remontant à Henri IV. Il visitera le centre Saint-Louis, lieu de rencontres, de débats et de réflexion sur les grands sujets culturels et religieux. À la villa Bonaparte, résidence de l'ambassadeur de France près le Saint-Siège, il offrira un déjeuner en l'honneur du cardinal Sodano, secrétaire d'État, et recevra la communauté ecclésiastique française de Rome.

La mission préparatoire a repéré tous ces lieux. Je les connais pour avoir accompagné M. Balladur, reçu en audience privée avec son épouse et ses proches collaborateurs, à l'issue du sommet franco-italien de Rome[1].

1. 27 novembre 1993.

Le préfet de la maison pontificale, Mgr Monduzzi, et le chef du protocole, Mgr Caputo, m'ont rappelé le code vestimentaire pour l'audience du Saint-Père : habit pour les hommes avec gilet noir, robe longue noire et mantille pour les dames : Mme Chirac, Catherine Colonna, Christine Albanel, et l'épouse de notre ambassadeur Jean-Louis Lucet. Comme mes collègues de la cellule diplomatique de l'Élysée et du Quai d'Orsay, je loue un habit au « Cor de chasse ». Le vendeur, qui nous voit défiler l'un après l'autre, rappelle à chacun le protocole : « C'est pour la visite au Saint-Siège, n'est-ce pas ? alors, gilet noir ! »

Nous arrivons à Rome la veille au soir et nous nous installons à l'hôtel Hassler. Le lendemain matin, chacun va se changer dans les chambres de la Villa Bonaparte. Lorsque j'avais confirmé au Président, au retour de la mission préparatoire, qu'il aurait à porter l'habit, j'avais senti de sa part une réticence, et il m'avait demandé combien de fois il aurait à le faire pendant son mandat. La réponse était : au moins deux fois, à Rome pour l'audience du pape, à Buckingham Palace pour le dîner d'État, et peut-être plus s'il se rendait en visite d'État dans les monarchies scandinaves. « Alors, je pourrais en louer un au Cor de chasse ? » Avec Claude, nous l'avions convaincu que le président de la République pouvait tout de même se permettre de se faire faire un habit…

Le substitut pour les affaires générales à la secrétairerie d'État, Mgr Giovanni Battista Re, vient à la Villa Bonaparte pour remettre au Président le collier et la plaque de l'ordre de Pie IX. Nous prenons une photo de groupe de ce moment où nous sommes tous superbement déguisés. Puis un cortège de Mercedes de la Cité du Vatican vient nous chercher. Nous sommes escortés par les « gentilshommes de Sa Sainteté ». Descendants de vieilles familles romaines proches de l'Église, ils sont les héritiers des « camériers laïcs de cape et d'épée » de la cour pontificale du XVIe siècle. Leur habit avec gilet noir porte une triple chaîne d'or aux armes pontificales, et il est en général bardé de décorations, pontificales et étrangères. Ils nous accompagneront tout au long de la matinée.

Lorsque le cortège arrive à la Cité du Vatican, le Président reçoit cour Saint-Damase les honneurs de la garde suisse pontificale en uniforme de gala, inspiré des fresques de Raphaël. La fanfare joue *La Marseillaise* et l'hymne pontifical « que tous, précise le livret édité par la préfecture de la maison pontificale, écouteront immobiles ». Au premier étage, nous sommes rangés en deux files par les gentilshommes de Sa Sainteté. Imitant leur pas solennel, aligné sur celui des gardes suisses ouvrant la marche, nous longeons la longue enfilade de salons richement décorés de toiles religieuses, qui conduit à la Bibliothèque dans laquelle le souverain pontife accueille son hôte. Le décor somptueux, écrasant, donne une bonne idée de ce qu'ont été la puissance et la richesse de l'Église. Le cérémonial est le même depuis des siècles. Plus tard, on prêtera au pape François cette phrase : « Savez-vous quelle est la différence entre une dictature et le protocole ? Une dictature, cela se renverse ! »

Au bout de l'immense couloir se trouve la salle Clémentine, qui précède la Bibliothèque du pape. La délégation est scindée en trois. Le Président, seul, entre dans la Bibliothèque où le pape l'accueille. Après un tête-à-tête de quarante minutes, il offre à Jean-Paul II une vierge en bois du XVIe siècle originaire de Touraine et reçoit en retour un tableau en mosaïque. Mme Chirac, le ministre Hervé de Charette et l'ambassadeur sont introduits à leur tour, puis le reste de la délégation. Nous sommes présentés au Saint-Père, qui remet à chaque membre de la délégation une médaille à son effigie. Il a un mot pour chacun. Voyant Xavier Laure en uniforme d'aviateur, il lui dit, avec son accent chantant, que son père était officier et qu'il avait beaucoup d'estime pour la mission militaire française venue aider la Pologne après la Première Guerre mondiale.

Puis nous prenons place pour écouter les deux discours. Visage déjà marqué par la maladie, le pape lit dans un excellent français une allocution très aimable pour la France, mais avec quelques messages qui lui sont chers. La famille d'abord : « On assiste à de dommageables fractures dans le tissu social. L'institution fondamentale de la famille se trouve ébranlée et dévaluée. » Son hostilité à l'avortement : « Certains droits fondamentaux se trouvent encore trop souvent mis en cause, sous diverses formes, dans les sociétés les plus favorisées comme dans les plus démunies. Je pense naturellement au droit à la vie des personnes, de la conception jusqu'à la mort, un droit qui reste toujours à protéger. » Il salue l'engagement de la France dans la construction européenne et dans l'aide à l'Afrique.

Jacques Chirac lui répond : « Fille aînée de l'Église, la France l'a été par sa fidélité catholique, par son dynamisme missionnaire et aussi, pour reprendre l'expression de Sa Sainteté Jean XXIII, par "l'admirable lignée de Saints" issus de notre sol. Une grande part de notre patrimoine est d'abord l'illustration d'une ferveur religieuse. » Il salue l'action de Jean-Paul II : « Qu'il s'agisse de la paix, des droits de la personne humaine, de sa liberté, de la famille et de l'éducation, toujours s'expriment Votre vigilance et Votre exigence. Toujours Vous invitez à discerner, dans l'écume et le vacarme des temps, l'homme, sa dignité, son épanouissement, sa vérité… C'est notamment auprès de l'Église, de Son message et de Son guide, dans le secours de la foi, que beaucoup d'hommes cherchent une raison d'espérer, la force de surmonter leurs souffrances… À travers les efforts déployés par Votre diplomatie, le Saint-Siège apporte une contribution irremplaçable à la construction d'un monde de paix. »

Après avoir raccompagné le Président et Mme Chirac, le pape tient à saluer, dans une des splendides pièces attenantes, les membres de la délégation non officielle et de la délégation technique.

La même année (19-22 septembre 1996), c'est au tour du président Chirac d'accueillir le pape en France.

Notre pays est, avec la Pologne, l'un des deux que Jean-Paul II aura le plus visités pendant son pontificat. C'est son cinquième déplacement depuis la messe au Bourget[1] et sa fameuse interpellation (« Alors permettez-moi pour conclure de vous interroger : France, fille aînée de l'Église, qu'as-tu fait des promesses de ton baptême ? ») et il y en aura encore deux autres.

La visite, comme les précédentes, est qualifiée de « pastorale », car elle répond à l'invitation des évêques. Mais l'État est très impliqué dans son organisation. Nous la préparons à l'Élysée, plusieurs mois à l'avance, sous l'autorité de mon ami le préfet Bertrand Landrieu, directeur de cabinet du président de la République, avec le responsable des voyages du pape, le père Roberto Tucci. Jésuite, il dirigeait Radio-Vatican, lorsque le Saint-Père le remarqua pour son esprit pratique et son sens de l'organisation. Il nous dit que le pape le taquine régulièrement : « Père Tucci,

1. 1er juin 1980.

hier théologien, aujourd'hui chef du Protocole, vous êtes tombé bien bas ! » Il vient à Paris avec un seul collaborateur, un laïc, Alberto Gasbarri, directeur administratif de Radio-Vatican, qui lui succédera quelques années plus tard. Les séances de travail dans le bureau du directeur de cabinet du Président se terminent immanquablement par un bon whisky, dont le préfet et le futur cardinal Tucci sont des amateurs éclairés.

Depuis la tentative d'assassinat de Jean-Paul II en 1981, la sécurité du pape est pour les États qui le reçoivent une responsabilité très lourde. La logistique des messes célébrées en plein air (construction du podium, location de centaines de bus) est à la charge des paroisses, mais en liaison très étroite avec les préfets, ce qui rassure le père Tucci. Il nous dit : « J'aime bien préparer les visites du Saint-Père en France, car vous avez les préfets. »

Pour l'accueil du pape à la base aérienne de Tours, les instructions du Président, transmises par Claude Chirac, sont claires : seuls le Président et Madame seront au pied de l'avion spécial d'Alitalia pour accueillir le Saint-Père. On ne doit voir personne d'autre. Je reçois, la veille de l'arrivée du pape, un appel du chef d'état-major des armées, le général d'armée aérienne Jean-Philippe Douin. « J'apprends avec surprise que je ne serai pas au pied de l'avion pour l'accueil du pape. Il doit y avoir un malentendu, ou une erreur de secrétariat. Le Saint-Père sera reçu sur une base aérienne. Il y célébrera une messe. Or, l'armée de l'air est très catholique. Et le chef d'état-major des armées représente le lien entre les armées et la nation. Donc sa présence au pied de l'avion s'impose. »

Je lui fais part de mes instructions et lui promets qu'il sera présenté au pape avec les ministres, les élus et les hautes personnalités alignées sur le tarmac, aussitôt après l'accueil par le Président et son épouse. Je lui garantis une photo avec le pape. Le général n'est nullement satisfait de cette réponse. Je lui suggère alors d'en parler directement au président de la République. C'est ce qu'il fait. Il ne sera pas à l'accueil au pied de l'avion, mais le Président accepte qu'à titre exceptionnel le CEMA préside la prise d'armes et les honneurs militaires rendus au pape, en lieu et place du général commandant la région militaire.

À Tours, le pape loge au couvent des sœurs dominicaines de la Grande Bretèche, qui surplombe la Loire. Il y séjournera trois nuits. Le contraste avec le déploiement de moyens qui accompagne ordinairement une visite de chef d'État est frappant. Jean-Paul II occupe une petite chambre de religieuse. Là où la question technique des liaisons avec la capitale est tout de suite posée par les missions préparatoires, la seule demande du père Tucci a été d'aménager au même étage une chambre en petite chapelle, pour la prière du matin. La foule est nombreuse sur le trajet, que le pape parcourt en papamobile. Le Saint-Siège en a envoyé deux, transportées par un Transall de notre armée de l'air : une pour Tours et Reims, une autre pour la Vendée. En cas de panne, sont prévues une Peugeot 605 et une Renault Safrane blindées. L'évêque du lieu, qui a préséance sur les cardinaux venus de Rome avec le Saint-Père, y compris le cardinal secrétaire d'État, prend place à côté du pape. Ce sera Mgr Jean Honoré (futur cardinal) à Tours, Mgr François Garnier en Vendée et à Sainte-Anne d'Auray, Mgr Gérard Defois à Reims. Le très discret secrétaire particulier du Saint-Père, Mgr Stanisław Dziwisz, son plus proche collaborateur depuis les années où Karol Wojtyła était archevêque de Cracovie et primat de Pologne, est assis en retrait. Le Président et le pape s'entretiennent à la préfecture. Parallèlement, le cardinal Sodano rencontre les ministres des Affaires étrangères et de l'Intérieur, Hervé de Charette et Jean-Louis Debré. Mme Chirac se joint aux cardinaux français (Mgr Roger Etchegaray, Mgr Paul Poupard, Mgr Jean-Marie Lustiger, Mgr Pierre Eyt). Puis, dans le grand salon de la préfecture, le pape, très à l'aise en français, répond à l'allocution de bienvenue du Président. Il lit son texte avec application, lentement, son visage est immobile, la maladie a progressé depuis l'audience de Jacques Chirac en janvier.

Jean-Paul II se rend ensuite en hélicoptère à Saint-Laurent-sur-Sèvre, en Vendée. Il a souhaité ce déplacement pour prier sur la tombe d'un maître spirituel qui a tenu une place importante dans sa formation de prêtre, saint Louis-Marie Grignion de Beaufort. Toute la Vendée catholique est là, Philippe de Villiers en tête. À Tours, le lendemain, à la cathédrale Saint-Martin, le pape a une rencontre très poignante, en dehors des médias, avec deux cents « blessés de la vie », malades, handicapés, chômeurs, personnes en situation de grande précarité. La messe sur la base aérienne attire environ cent mille fidèles. Un petit ascenseur est discrètement installé pour le pape derrière le podium, comme il le sera chaque fois. Le troisième jour, le pape se rend à Sainte-Anne d'Auray pour une messe de même format, qui célèbre la famille. Il est acclamé lorsqu'il commence son homélie en breton. Quand je suis assis à côté de lui dans le Super Puma présidentiel, il paraît très fatigué. Il échange en polonais avec Mgr Dziwisz, ouvre un livre de prières, puis somnole. Mais dès qu'il s'adresse à la foule des fidèles, il est ragaillardi. Il retrouve son tonus, sa voix forte et son humour.

La visite pastorale se termine à Reims par une très grande messe sur la base aérienne, où Jean-Paul II célèbre le 1500e anniversaire du baptême de Clovis. Tous les évêques français, une centaine, sont présents. Alain Juppé, Premier ministre, vient, comme c'est l'usage, saluer le pape à son départ. Il prononce une courte allocution, à laquelle le pape répond, avant de s'envoler pour Rome : « À chaque étape de mon voyage, j'ai retrouvé l'âme française. »

Buckingham Palace

Depuis son couronnement en 1952, la reine Elizabeth II a invité tous les présidents de la République française – elle en a connu dix – à effectuer en Grande-Bretagne une visite d'État. Celle de Jacques Chirac a lieu un an après son élection[1].

Je demande à voir le Président avant la mission préparatoire. En effet, Mme Chirac est très attachée au respect du séculaire cérémonial royal, mais Claude, au contraire, souhaiterait que soit donnée une image moderne du protocole entourant les activités officielles du Président, y compris lorsqu'il se déplace à l'étranger. Le Président n'est pas surpris. Il me donne pour instruction d'essayer d'obtenir du protocole britannique une modification de son cérémonial sur deux points : le trajet en calèche à l'arrivée à Londres pourrait-il être remplacé par un trajet en voiture ? Pour les invités au dîner à Buckingham, la tenue pourrait-elle être, pour les hommes, le smoking et non l'habit ? Je ne suis pas sûr de pouvoir beaucoup négocier avec le protocole royal. Les instructions présidentielles sont claires : « Vous essayez, mais vous voyez ce

1. 14-17 mai 1996.

qui est possible et ce qui ne l'est pas, et je me rangerai au cérémonial britannique. » Dès le début de la réunion avec les collaborateurs de la reine chargés du cérémonial, je comprendrai qu'il n'y a rien à négocier. À mon retour, le Président s'inclinera de bonne grâce devant les traditions royales.

Le jour J, nous prenons le train à la gare du Nord. Nous avons réservé une voiture dans un Eurostar normal. Nous avons installé dans un coin une penderie pour nos habits loués au Cor de chasse, puisqu'il est vite apparu que l'habit et la robe longue étaient incontournables pour le dîner d'État. À l'arrivée à la gare de Waterloo, le Président et Mme Chirac sont salués par la princesse Margaret et notre ambassadeur, Jean Guéguinou. Les mécaniciens du TGV sont présentés au Président. Nous prenons place à bord des Bentley de Buckingham, escortées jusqu'à l'esplanade des Horse Guards par les Life Guards. La reine Elizabeth et le prince Philip attendent avec le Premier ministre John Major, sous un dais, leurs invités français pour la cérémonie officielle d'accueil, avec honneurs militaires et hymnes nationaux. Deux saluts au canon sont tirés depuis Green Park et la Tour de Londres. Puis c'est le fameux trajet en calèche jusqu'au palais de Buckingham, un cortège de sept calèches, escorté par la cavalerie des Horse Guards. La reine et le Président prennent place dans la première, le duc d'Édimbourg et Mme Chirac, visiblement très heureuse, dans la deuxième. Dans chacune des cinq autres, quatre passagers, trois Français et un membre de l'entourage de la reine. En face de moi, dans la sixième calèche, la dame d'honneur de la souveraine, lady Susan Hussey. De petits groupes de passants nous saluent quand nous empruntons le Mall, et Jacques Chirac leur répond en leur envoyant des baisers. C'est la photo que reprendra en une le *Times* ! Le Président nous avait raconté qu'il avait eu au lycée un correspondant anglais, chez lequel il avait passé un été. Notre ambassade à Londres parvient à le localiser. Tout ému, il viendra saluer le Président au palais de Buckingham, après l'audience accordée au chef de l'opposition travailliste, Tony Blair. Un éditorial de la presse britannique relate ces retrouvailles avec humour : « Si jamais vous accueillez un jeune Français chez vous, faites attention, traitez-le bien : il peut devenir président de la République ! »

Le protocole britannique prévoit pour les visites d'État que, dans la limite de dix personnes, la délégation officielle loge au palais de Buckingham, avec le chef d'État et son conjoint. Nous y avons passé trois nuits. De ce séjour, je retiens d'abord le cadre : un palais gigantesque, avec d'interminables couloirs aux murs tapissés de tableaux anciens, dont une collection de grands maîtres italiens. Le déjeuner restreint, le jour de l'arrivée, réunit la famille royale et la délégation officielle, réparties en quatre tables. Je suis placé à côté de la princesse Margaret, agréable commensale à la conversation enjouée, et amatrice de bon whisky. Le soir, avant le dîner d'État, un page du palais, en livrée bleue et rouge, frappe à ma porte. Il veut s'assurer que j'épingle au bon endroit, sur mon habit, la décoration que j'ai trouvée dans ma chambre en arrivant, comme les autres membres de la délégation : les insignes de *Knight Commander of the Royal Victorian Order* (KCVO). « *Good evening, Sir, I am your page, I am here to help you to dress.* » L'écrin est accompagné d'une notice précisant que je suis nommé à titre honoraire : je ne pourrai donc pas me prévaloir du titre de « sir ». La notice ajoute que, après mon décès, les insignes devront être restitués à la chancellerie de l'Ordre. Un petit carton, posé sur la table de chevet, indique aux invités qu'ils peuvent donner du linge à laver ou repasser. Il sera confié à une blanchisserie, mais à leurs frais, est-il précisé.

Pour ne commettre aucun impair, j'avais demandé à notre ambassadeur de m'aider à mettre au point avec le Protocole britannique l'échange de décorations, de règle pour une visite d'État. Le Président m'encourageait, lorsque je préparais ce type de déplacement, à lui proposer de décerner généreusement à nos hôtes Légion d'honneur et Ordre national du Mérite, sans lésiner sur les grades. Je demandais chaque fois une décoration pour Dominique de Villepin, qui les appréciait beaucoup mais n'accompagnait jamais le Président à l'étranger. Je sollicitais pour lui le même traitement que pour les ministres participant à la visite. Lors des visites d'État dans les autres pays, ma demande avait toujours été acceptée. À Londres, ce n'est pas le cas. Pour pouvoir être décoré, le secrétaire général de l'Élysée devra faire partie de la délégation et venir en Grande-Bretagne. Avec Jean Guéguinou, nous négocions un compromis : si Dominique de Villepin venait juste pour le dîner d'État et repartait pour Paris le soir même, il serait décoré. Il fut nommé par Sa Majesté grand-croix d'un des ordres royaux les plus prestigieux.

Le dîner d'État offert par Elizabeth II rassemble une bonne partie de la famille royale, les entourages, tout ce qui compte à Londres, avec un cérémonial réglé comme du papier à musique. À la fin du repas, la reine prononce un toast très chaleureux pour la France. Le Président se lève pour répondre, mais il ne voit pas de micro. Il cherche, se retourne. La reine, amusée, lui désigne la composition florale, sur la table, dans laquelle le micro a été caché.

Les étapes londoniennes d'une visite d'État sont classiques : entretien avec le Premier ministre à Downing

Street; dépôt de gerbe sur la tombe du Soldat inconnu à l'abbaye de Westminster; discours devant les chambres réunies; très grand déjeuner offert par le lord maire au Guildhall; dîner offert à Hampton Court Palace par le Premier ministre. Autant d'occasions, pour le Président, de rendre un hommage chaleureux à la Grande-Bretagne et de souligner la singularité de nos relations : « Ce sont des relations complexes qui, de tout temps, unirent nos deux nations, trop proches, trop semblables sans doute pour ne pas entrer en compétition. Cette rivalité, nos deux puissances s'en sont nourries. Notre estime mutuelle s'y est au total fortifiée. » Le long discours devant les deux chambres réunies exhorte les Britanniques à s'engager pleinement dans la construction européenne, souligne la qualité de la coordination politique, militaire, humanitaire entre Français et Britanniques en Bosnie, et passe en revue tous les grands sujets internationaux sur lesquels les deux membres permanents du Conseil de sécurité exercent des responsabilités conjointes. L'annonce d'un appui français à la levée de l'embargo européen sur les importations de bovins britanniques, le grand sujet du moment depuis l'épidémie de vache folle, est saluée par toute la presse britannique.

Le Président dépose une gerbe devant la statue du général de Gaulle, à Carlton Gardens. Avec Mme Chirac, il va prendre le thé chez la reine mère Elizabeth, à Clarence House. À quatre-vingt-seize ans, Queen Mum est guillerette, drôle, elle esquisse un pas de danse lorsqu'elle raccompagne le couple présidentiel, et répond, à ceux qui lui posent la question, qu'elle conserve sa bonne forme grâce à son gin tonic du soir. Pendant sa rencontre avec le couple présidentiel, son entourage, plus jeune qu'elle mais pas tellement, nous invite, l'aide de camp et moi, à déguster un excellent cake dans un salon de l'entresol.

Sur la suggestion de notre ambassadeur, le Président marque son intérêt pour les activités du prince de Galles en consacrant une journée entière à l'Écosse et aux programmes de formation professionnelle financés par sa fondation. Présidente de la fondation Hôpitaux de Paris-Hôpitaux de France, Bernadette Chirac est reçue à Glasgow dans un hôpital pour enfants.

La visite se termine, comme c'est la tradition, par un dîner de retour offert par le Président et son épouse en l'honneur de la reine et du duc d'Édimbourg dans le jardin de la résidence de notre ambassadeur. Une grande partie de la famille royale est présente. La reine a demandé si la tente du dîner serait décorée, « comme les fois précédentes », par de grandes tapisseries de la manufacture des Gobelins. Les désirs de Sa Majesté sont des ordres ! Le transport par camion se fera avec un luxe de précautions. Le menu, préparé par le chef de l'Élysée, Joël Normand, reprend le foie gras et le château d'Yquem dont nous savons d'expérience qu'ils sont très appréciés par la reine :

Foie gras des Landes à la gelée de Sauternes
Selle d'agneau rôtie Renaissance
Étuvée d'asperges aux artichauts
Fromages
Craquelin glacé aux noisettes

Château d'Yquem 1982
Magnum château Léoville Las Cases 1975
Dom Pérignon 1988

Bill et Hillary Clinton

De tous les présidents des États-Unis, Bill Clinton est celui qui est venu en France le plus souvent.

François Mitterrand lui a proposé en juin 1994 de prolonger sa participation aux cérémonies du Cinquantenaire du débarquement en Normandie par une visite officielle à Paris. Philippe Séguin l'invite à prendre la parole devant l'Assemblée nationale. Le couple présidentiel américain, brillant, chaleureux, aimant venir en Europe, a les faveurs des médias français. Bill Clinton fait sensation en allant courir tôt le matin dans le jardin des Tuileries. Cette sortie est totalement improvisée, si bien que ses officiers de sécurité français courent derrière lui en costume-cravate et chaussures de ville, le président américain serpentant avec eux à travers les embouteillages de la place de la Concorde pour regagner la résidence de l'ambassadrice Pamela Harriman.

Le Président a établi avec lui une très bonne relation personnelle lorsqu'il est allé le voir à Washington peu de temps après son installation à la Maison Blanche. Il offre un grand et très beau dîner. Dans l'après-midi, le commandant militaire du palais et mes collaborateurs de la cellule du Protocole à l'Élysée me signalent qu'ils ont beaucoup de mal à empêcher une invasion de l'Élysée par les agents du *Secret Service*, qui assure la sécurité rapprochée du président des États-Unis. Je me rends aussitôt au palais. Grands, costauds, portant oreillettes et lunettes de soleil, visages peu avenants, mâchonnant leur chewing-gum, ils sont partout en effet, un dans chacune des pièces du rez-de-chaussée, au motif que Bill Clinton et le Président doivent donner une interview à la télévision française dans l'un des salons. Je dois presque leur demander la permission de me rendre dans la pièce transformée en studio. Mieux encore, ils me demandent d'autoriser l'un d'eux à descendre dans les cuisines pour surveiller la préparation du dîner et goûter les plats. Je leur réponds que c'est inenvisageable, sauf s'ils me donnent l'assurance qu'à la prochaine visite présidentielle française à Washington la réciproque sera possible dans les cuisines de la Maison Blanche. Ils n'insistent pas. Notre échange s'arrête là.

Le soir, au moment de passer à table, Bill Clinton dit à François Mitterrand qu'il regrette de devoir repartir le lendemain sans avoir eu le temps, ni de visiter le musée du Louvre, ni de revenir jouer du saxophone dans une boîte de nuit qu'il a connue étudiant à Londres, vingt-cinq ans plus tôt. Le Président lui répond que, s'il choisit le Louvre, une visite est tout à fait possible après le dîner, et il sera heureux de l'accompagner. Il me fait passer le message par Peer de Jong. Informé par nos soins, le *Secret Service*, qui n'aime pas du tout les improvisations, dépêche au Louvre une mission de reconnaissance et nous demande d'attendre son feu vert pour fixer l'heure de la visite. J'avertis le ministre de la Culture, Jacques Toubon, et l'architecte de la Pyramide du Louvre, Ieoh Ming Pei, présent au dîner.

À minuit et demi, les deux chefs d'État, accompagnés de Hillary Clinton et de quelques collaborateurs, mais surtout d'une nuée d'agents du *Secret Service,* entament une étrange promenade nocturne dans les galeries du Louvre. Pierre Rosenberg, président-directeur du musée, les accompagne. François Mitterrand fait admirer les bas-reliefs assyriens monumentaux de Khorsabad. Les Clinton sont impressionnés par le sceptre de Charles V et la statuette équestre de Charlemagne. Quand ils demandent à voir le mur de Philippe Auguste, les agents du *Secret Service* disent que c'est impossible car ils n'ont pas eu le temps d'y envoyer leurs démineurs. François Mitterrand lance alors un « *let's go !* » qui les prend de court. Bill et Hillary sont ravis. Quand ils prennent congé, il est 1 h 30 du matin.

Lorsque Jacques Chirac devient président de la République, il a déjà une très bonne relation avec Bill Clinton. Ambassadrice des États-Unis en France, et très proche du nouveau président américain, Pamela Harriman organise une rencontre à la Maison Blanche, début 1994, pour permettre à Bill Clinton de connaître le maire de Paris, qui succédera peut-être l'année suivante à François Mitterrand. Un mois après son installation officielle à l'Élysée, Jacques Chirac s'arrête à Washington en juin 1995, à la veille du sommet du G7 à Halifax. Bill Clinton vient à Paris le 14 décembre 1995 pour assister à la cérémonie de signature, par Slobodan Milošević, Franjo Tudjman et Alija Izetbegović, des accords négociés à Dayton, et qui mettent fin à la guerre en Bosnie-Herzégovine. Il invite Jacques Chirac à effectuer aux États-Unis une visite d'État. Ils décident qu'elle aura lieu courant janvier. Ils se mettent d'accord sur un programme en deux étapes : Washington, avec un discours devant le

Congrès, et un déplacement dans une autre métropole à déterminer.

Lorsque je me rends à Washington, un peu avant Noël, avec la mission préparatoire, nous apprenons que le président républicain de la Chambre des représentants, Newt Gingrich, n'est nullement disposé à convoquer le Congrès en janvier. Or, le discours devant les deux chambres réunies sera l'un des temps forts de la visite, à la fois pour les messages à destination de l'opinion publique américaine et pour le retour dans les médias français. L'entourage de Gingrich propose une nouvelle date (1er-2 février). Grâce à l'excellente relation établie par notre ambassadeur, François Bujon de l'Estang, avec le conseiller de Bill Clinton pour la sécurité nationale, Sandy Berger, l'agenda du président américain est modifié pour lui permettre de recevoir Jacques Chirac à une date rendant possible le discours au Congrès, « sur lequel, nous rappelle Berger, la Maison Blanche n'a aucune prise ».

Je découvre un Protocole américain très différent du nôtre. Mon homologue à la Maison Blanche, amie du couple Clinton, et très charmante au demeurant, n'est là que pour préparer les plans de table. Elle est une sorte de super hôtesse et, pour la mise au point du programme et de tous ses aspects logistiques, c'est le chef du *Secret Service* qui impose ses vues aux missions préparatoires.

La visite sera très chaleureuse. Après avoir hésité, par crainte de ne pas être suffisamment à l'aise en anglais pour un direct à la télévision, Jacques Chirac donne suite à la proposition de notre ambassadeur d'accorder une interview à Larry King, le très célèbre journaliste de CNN, et de raconter ses souvenirs de jeune Français traversant l'Atlantique pour servir des sandwichs à la dinde couverts de sauce dans un Howard Johnson's de la côte

Est. L'émission est très regardée. Le Président fait un tabac. La presse américaine salue un nouveau style présidentiel à Paris, simple, direct, proche des gens.

Devant le Congrès, l'assistance n'est pas aussi nombreuse que d'habitude pour écouter le chef d'État d'un grand pays, notamment en raison d'un appel au boycott lancé par des membres de la Chambre des représentants très hostiles à la reprise des essais nucléaires français dans le Pacifique. Beaucoup de sièges sont occupés par de jeunes attachés parlementaires. Mais le Président est interrompu à plusieurs reprises par les applaudissements, comme c'est l'usage, et très chaleureusement lorsqu'il évoque avec ferveur la longue histoire de l'alliance franco-américaine. Il expose sa vision du rôle de l'OTAN et de la relation Europe-États-Unis. Le grand dîner d'État à la Maison Blanche réunit tout ce qui compte à Washington.

Pour le choix de la seconde ville, François Bujon de l'Estang propose Chicago, manière d'effacer l'affront fait à Georges Pompidou en 1970. À l'époque, les livraisons de Mirages français à la Libye avaient déchaîné des réactions très violentes de la communauté juive américaine. M. et Mme Pompidou durent subir des manifestations particulièrement hostiles, obligeant Richard Nixon, pour laver l'affront, à rajouter au programme un dîner à New York en leur honneur.

Juste avant le dîner à la Maison Blanche, Bill Clinton informe Jacques Chirac qu'une tempête de neige est annoncée sur Chicago pour le lendemain matin, à l'heure où nous étions supposés atterrir. Deux solutions : annuler Chicago, ou quitter Washington dès le dîner terminé. C'est l'option aussitôt retenue par le Président. Bill Clinton en fait part aux invités, puis s'excuse de devoir écourter la soirée et annuler le spectacle qui, traditionnellement, prolonge le dîner d'État. J'appelle immédiatement notre consul général à Chicago, Gérard Dumont. En pleine nuit, il réussit, avec l'appui de l'échelon précurseur du SPHP actionné depuis Washington par Patrick Bardey, à réserver plus d'une centaine de chambres d'hôtel pour la délégation et pour les journalistes, qui arriveront aux premières heures du matin. Pendant ce temps-là, Évelyne Richard et le SPHP, avec son réseau radio (nous n'avons pas encore de téléphones portables), doivent retrouver la trace des membres de la délégation non invités à la Maison Blanche, et des quelque 80 journalistes qui se sont dispersés dans plusieurs restaurants de Washington. Lorsque le DC8 de l'armée de l'air décolle en pleine nuit, dans la neige, de la base d'Andrews, de manière assez acrobatique, nous n'avons oublié personne. Nous atterrissons à l'aéroport militaire de Chicago à 2 heures du matin. Le tarmac est désert. Soudain, sortent d'une petite cabane, dans un blizzard glacial, le consul général et l'officiel américain chargé de notre accueil, les deux coiffés d'une chapka, qui se dirigent vers l'avion en marchant tout courbés.

Après quelques heures de repos, Jacques Chirac rencontre les milieux d'affaires. Il s'adresse à près de deux cents convives au Council on Foreign Relations de Chicago. Puis, pour bien marquer que la « fracture sociale » demeure sa priorité, il visite une école secondaire du Near West Side, à la lisière du vaste ghetto qui couvre le Sud et l'Ouest de Chicago. Accompagné du maire, Richard Daley Jr., dont le père, Richard Daley Sr., maire lui aussi, avait reçu Georges Pompidou, il dialogue deux heures durant avec les responsables du lycée et les animateurs d'un programme de soutien aux jeunes en difficulté des quartiers chauds. L'exercice rappelle la méthode utilisée par le candidat Chirac durant sa campagne présidentielle, transposée dans un quartier américain dont plus de la moitié des habitants, Noirs ou Mexicains, vivent en dessous du seuil de pauvreté. Le Président veut comprendre dans le détail comment parents, enseignants, policiers, élus locaux, entreprises mécènes, travaillent ensemble pour donner un avenir à ces jeunes et lutter contre la drogue, sujet principal de cet échange. Il écoute attentivement les intervenants autour de la table, pose des questions, prend des notes. Le style Chirac plaît. Le *New York Times* salue « une France moins hautaine ».

Jacques Chirac et Bill Clinton se retrouveront à Paris en 1997 pour un entretien suivi d'un dîner à quatre, avec leurs épouses, au restaurant L'Ambroisie. L'idée du Président était celle d'une soirée non officielle, afin de cultiver une atmosphère amicale et détendue. Il avait fait prévoir pour lui deux voitures banalisées, mais le *Secret Service* avait fait venir le cortège standard de quatorze voitures, dont la limousine blindée avec son leurre, qui rejoignent le président des États-Unis où qu'il aille dans le monde. Arroi particulièrement discret pour se rendre place des Vosges à un dîner intime…

G7 de Lyon : diplomatie et gastronomie

En 1996, la France accueille à son tour, pour la quatrième fois, le sommet annuel du G7. Le premier (15-17 novembre 1975), réunissant à l'origine six pays, s'était tenu au château de Rambouillet et avait bien respecté l'idée d'origine de Valéry Giscard d'Estaing, qui le présidait : un échange de vues en tout petit comité, entre les dirigeants des six États démocratiques les plus industrialisés de la planète, sur les questions économiques et monétaires. Le deuxième, à Versailles (4-6 juin 1982), à l'invitation de François Mitterrand, s'en éloignait beaucoup. Les délégations s'étaient étoffées au fil des années, et les journalistes, une centaine au début, se comptaient déjà par milliers. Séances de travail et repas avaient été organisés dans des lieux majestueux, Grand Trianon, salle du Sacre, galerie des Batailles, avec un dîner de clôture dans la galerie des Glaces, suivi d'un spectacle à l'Opéra royal et d'un feu d'artifice dans les jardins illuminés, la batterie-fanfare de la Garde républicaine à cheval assurant l'accompagnement musical. Le troisième sommet en France (14-16 juillet 1989) s'était tenu à l'Arche de la Défense, dont il avait marqué l'inauguration. Les chefs d'État et de gouvernement, dont George Bush, Margaret

Thatcher et Helmut Kohl, avaient pu assister, la veille, à l'extraordinaire défilé des Champs-Élysées conçu par Jean-Paul Goude pour la célébration du Bicentenaire de la Révolution française, et écouter Jessye Norman, drapée de bleu-blanc-rouge, interpréter *La Marseillaise*.

Jacques Chirac place le sommet des 15-17 juin 1996, à Lyon, sous le thème de « la mondialisation au bénéfice de tous ». Il doit envoyer un double message : l'un, de prise de conscience, de la part des membres du G7, des risques sociaux (creusement des inégalités, exclusion) engendrés par le développement du commerce international ; l'autre, de solidarité à l'égard des pays en développement. « La mondialisation n'a pas créé l'exclusion, mais elle l'aggrave, en laissant sur le bord du chemin tous ceux qui ne peuvent suivre le rythme toujours plus rapide des adaptations rendues nécessaires par la concurrence. » Le G7 ne doit pas être regardé comme un club de riches « insolent face à leur misère », mais, au contraire, tel que conçu à l'origine, comme une instance informelle de dialogue et de concertation qui prendra en compte les défis auxquels la communauté internationale dans son ensemble est confrontée.

Ce n'est pas pour la présidence française un sommet nécessairement facile, car l'idée même de régulation des échanges internationaux, avec ce qu'elle comporte d'intervention accrue des États, se heurte aux conceptions très libérales des États-Unis, de l'Allemagne et du Royaume-Uni. Le travail de fond commence un an avant, dès le lendemain du sommet d'Halifax, entre les représentants personnels des chefs d'État et de gouvernement, les sherpas, dont les travaux sont présidés par Jean-David Levitte. Le Président juge irremplaçable le sommet du G7, car il permet des liens personnels plus étroits, des échanges directs, très francs, et des partages d'expériences. Mais il refuse l'entre-soi et tout ce qui conduirait à une sorte de directoire mondial. Il introduit trois innovations.

Il dépêche un groupe de représentants personnels dans les capitales des grands pays du Sud, pour écouter leurs attentes. « Je suis probablement le chef d'État qui a le plus contribué à ouvrir les portes du G7 à des pays qui, jusqu'alors, en étaient écartés. » Ensuite, vis-à-vis de la Russie, Jacques Chirac propose d'aller plus loin que ce qui a été fait à Halifax, en invitant Boris Eltsine à participer à une partie substantielle de l'ordre du jour : Moyen-Orient puis les sujets « globaux » : environnement, non-prolifération nucléaire, lutte contre le sida. Le Premier ministre russe, Viktor Tchernomyrdine, remplace son président, qui est en pleine campagne électorale. Enfin, Jacques Chirac invite, ce qui ne s'était jamais fait, le secrétaire général des Nations unies, Boutros Boutros-Ghali, et les dirigeants de la Banque mondiale, du Fonds monétaire international et de l'Organisation mondiale du commerce (James Wolfensohn, Michel Camdessus, Renato Ruggiero) à se joindre aux chefs d'État et de gouvernement et au président de la Commission européenne afin de coordonner les politiques qui permettront de se prémunir contre l'instabilité monétaire.

Pour ce sommet, le Président a choisi Lyon. Ce faisant, il veut soutenir son maire, Raymond Barre, qui s'attache depuis un an au rayonnement international de la troisième métropole de France. Lyon offre une garantie d'accueil de grande qualité, et de convivialité.

L'annonce est faite par le Président lors de la clôture du sommet d'Halifax. Depuis le Canada, nous bloquons aussitôt le maximum de chambres d'hôtel car, avec les délégations et la presse, 4000 personnes sont attendues.

Un secrétaire général, le diplomate Thierry Dana, est nommé pour l'organisation du sommet, Il se met aussitôt au travail avec tous les services concernés, à Paris et à Lyon. Il préparera la rencontre sous tous ses aspects, et il a fort à faire, car la toute nouvelle Cité internationale du parc de la Tête d'Or, réalisée par Renzo Piano, et qui accueillera une grande partie des travaux du sommet, est encore en chantier.

Le rôle du Protocole sera d'organiser le programme des chefs d'État et de gouvernement, en liaison avec leurs ambassades à Paris et leurs missions préparatoires venues des capitales. Nous nous retrouvons à plusieurs reprises autour du préfet de la région Rhône-Alpes, Paul Bernard, qui aura la responsabilité de l'ordre public et de la sécurité.

Jacques Chirac me demande de tenir Raymond Barre régulièrement informé de l'avancement de la préparation. Il souhaite que le maire de Lyon soit à ses côtés lorsqu'il accueillera place des Terreaux, pour le dîner d'ouverture à l'hôtel de ville, Bill Clinton, Jean Chrétien, Helmut Kohl, John Major, Ryutaro Hashimoto, Romano Prodi et Jacques Santer.

Comme c'est la tradition pour les sommets du G7, Mme Chirac a choisi un programme particulier pour les épouses, avec spectacle de ballet à l'Opéra de Lyon, visite d'une exposition de soieries et excursion dans deux châteaux des environs.

La population lyonnaise, en particulier les commerçants, redoute les restrictions de circulation, qui seront lourdes en effet. La presse locale parle des perspectives d'embouteillages davantage que du fond… Raymond Barre répète : « Le G7 sera une bonne occasion de faire connaître les potentialités de la ville. Sachons faire, comme on dit, notre publicité. » Mairies d'arrondissement et associations locales sont invitées à participer activement à l'accueil. Chaque arrondissement est jumelé à un pays du G7. Le magnifique feu d'artifice, que les chefs d'État vont contempler depuis l'esplanade de Fourvière, sera apprécié par les Lyonnais.

La gastronomie française tient naturellement une place centrale. Jacques Chirac décide de confier aux gloires de la région le menu du dîner du premier soir, dans le patio de l'hôtel de ville : Paul Bocuse, les frères Troisgros, Georges Blanc, Marc Veyrat. M. Barre me demande de lui signaler toute difficulté que nous rencontrerions dans l'organisation de ce dîner. Il est lucide ! Nous avons un problème d'ego entre Paul Bocuse et les autres chefs étoilés. Ils n'arrivent pas à se mettre d'accord sur qui fera quoi. Raymond Barre ne paraît pas surpris : « Avec Bocuse, vous savez, les choses ne sont jamais faciles. » Il règle l'affaire dès le lendemain, et le menu est à la hauteur de l'événement : raviolis aux quatre senteurs des alpages (Marc Veyrat), quenelle lyonnaise aux écrevisses (Paul Bocuse), poulet de Bresse au foie blond et crêpes de Vonnas (Georges Blanc), fromages frais et affinés, opaline aux mangues, jeu de pommes et sablé chocolat (Jean et Pierre Troisgros), le tout accompagné d'un pouilly-fuissé, d'un moulin-à-vent et d'un champagne Louise Pommery.

Le dîner du deuxième soir a lieu chez Léon de Lyon, dans une atmosphère de brasserie très détendue.

Les résultats du sommet sont substantiels sur les sujets économiques et sociaux : mise en œuvre plus rigoureuse des conventions de l'Organisation internationale du travail, notamment sur la condamnation du travail des enfants ; reconstitution des ressources du FMI pour éviter une nouvelle catastrophe monétaire comme celle du Mexique ; augmentation susbstantielle de l'aide publique au développement.

Jacques Chirac et le Japon

Jacques Chirac est convaincu que le renforcement du lien euro-asiatique est indispensable à la stabilité du monde de l'après-guerre froide, qui ne pourra s'accommoder indéfiniment de l'omnipotence américaine. Étape par étape, il définit une politique asiatique qui a longtemps fait défaut à la France. Sa visite d'État au Japon s'inscrit dans la dynamique de son déplacement à Singapour (28 février 1996), du sommet Europe-Asie de Bangkok aussitôt après, et précède le voyage qu'il fera en Chine au printemps 1997.

En dépit de sa puissance économique, ou à cause d'elle, le Japon se sent mal aimé et incompris par le reste du monde, et les hommes d'État de stature internationale ayant une connaissance aussi profonde de sa culture sont très rares. Avant d'être élu à la présidence de la République, il s'est rendu 42 fois au Japon. Sa connaissance érudite de l'histoire et de la civilisation japonaises et sa passion pour ce pays sont célébrées par la presse nippone.

C'est un voyage (16-22 novembre 1996) auquel, me dit Jean-David Levitte, « le Président attache une extrême importance. Il veut mettre la barre très haut ». Jacques

Chirac, ce qu'il fera de manière très exceptionnelle, convoque une réunion de cadrage avant même la mission préparatoire, afin de me donner directement ses instructions. Premier point important : le Président souhaite loger à l'hôtel Okura, où il a ses habitudes, et éviter le palais d'Akasaka, résidence officielle des hôtes de l'empereur. Deuxième point, capital : les repas. Il me demande de limiter au strict minimum les déjeuners et dîners officiels, pour lui permettre d'inviter ses collaborateurs dans les meilleurs restaurants de Tokyo, qu'il connaît presque tous. « Faites en sorte qu'il y ait un repas tempura et un repas teppanyaki. » Nous irons réserver dans les restaurants recommandés par Valérie Terranova, qui conseille depuis des années le Président sur le Japon, et a même assuré à Tokyo une représentation officielle de la Ville de Paris.

À Tokyo, j'obtiens satisfaction sur le second point : il y aura simplement un dîner d'État au palais impérial et un dîner officiel offert par le Premier ministre, Ryutaro Hashimoto. Les autres repas seront libres. Pour le palais d'Akasaka, c'est une autre affaire. Mon collègue japonais me dit que c'est la résidence traditionnelle pour une visite d'État. Aucune exception n'est possible. Nous le visitons. Il est triste et vieillot, alors que l'hôtel Okura offre toutes les facilités d'un très grand hôtel international. Je n'obtiens pas de dérogation. Je rends compte de mon échec à mon retour. C'est grâce au Premier ministre Ryutaro Hashimoto, avec lequel il a établi une très bonne relation personnelle, que Jacques Chirac arrive à convaincre l'empereur d'accepter l'Okura. Mais, pour sauver les apparences, l'accueil officiel par le couple impérial se fera au palais d'Akasaka.

Dans nos longues réunions avec le Protocole japonais, nous retrouverons chez nos interlocuteurs, comme lors de la préparation de la visite impériale en France, la même hantise de l'imprévu. Ils sont visiblement très inquiets à l'idée que le Président veuille improviser un trajet à pied dans les rues de Tokyo. L'incident de Jérusalem, le mois précédent, les a fortement marqués. Un soir, pendant la visite, j'ai le malheur de demander si Mme Chirac, le lendemain, pourrait prendre avec elle, dans sa voiture, une personne de la délégation autre que celle que nous avions annoncée. Cela fut toute une histoire, et je dus parlementer avec nos homologues des différents services japonais, qui étaient une bonne quarantaine dans un immense open space de l'Okura, et dont aucun ne voulait prendre sur lui cette très grave décision…

La visite sera dense, avec ce qu'il faut de grand protocole (dîner d'État au palais impérial), de volet politique (entretiens avec le Premier ministre, avec lequel le Président signe le programme « 20 actions pour 2020 »), et de rencontres avec les chefs d'entreprise. Le Président prononce un discours devant les étudiants de l'université de Keio. C'est une prise de parole importante car, à travers sa jeunesse, c'est au peuple japonais tout entier qu'il s'adresse, quelques mois seulement après l'arrêt de nos essais nucléaires, qui avaient fortement secoué l'opinion publique. Le grand amphithéâtre est bondé, l'auditoire très attentif. Jacques Chirac partage son amour de la culture japonaise : « J'ai étudié vos mythes. J'ai été séduit par la virtuosité de vos potiers, par l'élégance de vos architectures, par l'harmonie de vos jardins, par le raffinement de votre théâtre, la finesse de votre cuisine, le rituel de vos lutteurs de sumo. » Pour le dîner à la résidence du Premier ministre, le musée national de Tokyo a prêté des statues très anciennes qui jalonnent le grand escalier menant aux salons. Un invité japonais explique l'origine de ces statues à Jacques Chirac, mais il se trompe. Le Président rectifie. Il y a des témoins. L'anecdote suscite une grande admiration dans les médias japonais.

Les Japonais connaissent Jacques Chirac par la télévision et lui font sur son passage des signes amicaux. Le Président est accompagné par quatre ministres : Hervé de Charette (Affaires étrangères), Jean Arthuis (Économie et Finances), Philippe Douste-Blazy (Culture), François Fillon (Télécommunications et Espace) et dix chefs d'entreprise. Les PDG de très grands groupes, comme Jean-François Dehecq, président de Sanofi, sont des habitués des voyages présidentiels. Jacques Chirac les invite à partager leur expérience avec les patrons de PME qui font également partie de la délégation et qui, souvent, viennent au Japon pour la première fois.

Entre deux obligations officielles, le Président demande au conducteur japonais de le conduire à un petit temple. Nous n'étions pas dans la confidence. Il souhaite rester seul. Il ressort une heure plus tard, très ému du moment qu'il vient de partager avec un maître spirituel auquel, dans le passé, il rendait régulièrement visite.

Le Président me demande de prendre particulièrement soin d'un autre invité, Gaston Flosse, ancien secrétaire d'État chargé du Pacifique Sud, et président du gouvernement de la Polynésie française. Ses instructions sont simples : « Je compte sur vous : il faut que Gaston soit content. » Ils se connaissent depuis très longtemps et Gaston Flosse est le pilier du RPR sur le territoire. Il a demandé à participer à ce voyage car, à la suite de la reprise des essais nucléaires à Mururoa aussitôt après l'élection de Jacques Chirac, les touristes japonais ont massivement boycotté Tahiti. Or, nombreux étaient ceux qui faisaient leur voyage de noces dans l'archipel. Les essais ont pris fin en janvier 1996, et le président de Polynésie veut faire revenir la clientèle japonaise en profitant de la présence au Japon de Jacques Chirac. Il y aura donc à l'hôtel Okura une soirée tahitienne en présence du Président, et M. Flosse a fait ce qu'il fallait pour que les belles hôtesses vahinés venues de Papeete avec lui charment les agences de voyages japonaises.

Le Président a fait coïncider son voyage avec la finale du tournoi annuel de sumo. C'est sa passion. Il suit cette compétition de très près, en se faisant envoyer par notre ambassade les cassettes vidéo des épreuves éliminatoires. Lorsqu'il est présenté aux sumotoris avant les combats, il les salue par leurs noms. Il paraît petit face à ces colosses. À son entrée dans le stade couvert, la foule l'acclame : « Chi-lac, Chi-lac ! » Il connaît parfaitement la liturgie presque religieuse de chaque affrontement. « J'éprouve un grand respect pour ces hommes, parce qu'il s'agit de beaux combattants qui illustrent une tradition très ancienne. Leur rituel est pour moi une leçon de vie : celle qu'il ne faut jamais lâcher prise, et qu'on doit se battre jusqu'au bout, jusqu'à l'instant décisif où tout va se jouer et quelle que puisse être l'issue du combat[1]. »

1. Jacques Chirac, *Mémoires*, tome II, *Le Temps présidentiel*, *op. cit.*

Le match de football de La Paz

Depuis le voyage historique du général de Gaulle en 1964, aucun chef d'État français n'avait effectué en Amérique latine de déplacement aussi long : une semaine entière, cinq pays (11-18 mars 1997). Le voyage est lourd à organiser pour le SPHP, avec une délégation de plus de cent personnes. Aucun invité ne sera perdu en route, aucune valise ne sera égarée : l'équipe de Patrick Bardey fait merveille.

Jacques Chirac entend marquer le soutien de la France à la démocratie rétablie dans ces pays après de longues périodes de dictatures militaires ; renforcer la présence française sur un marché de 210 millions d'habitants, qui constitue la deuxième zone de croissance mondiale après l'Asie ; et encourager le rapprochement entre la CEE et le Mercosur (Marché commun du Sud).

La tournée latino-américaine commence par le Brésil. Le président Fernando Henrique Cardoso est un universitaire de renom. Parfaitement francophone et très francophile, il a enseigné au Collège de France et à l'EHESS. Il a convoqué pour son hôte français les deux chambres du Congrès en session extraordinaire. Après Brasilia, Jacques Chirac inaugure à Rio de Janeiro une rétrospective

Claude Monet. À São Paulo, le Président a demandé au président de Carrefour, Daniel Bernard, d'organiser au siège du patronat brésilien une rencontre entre une délégation de cent PME, venues de France par un avion spécial « Carrefour », et des partenaires brésiliens.

De tous les peuples d'Amérique latine, celui d'Uruguay, notre deuxième étape, est sans doute le plus tourné vers la France. Il compte en effet de nombreux descendants d'émigrants français, souvent originaires du Pays basque, qui ont longtemps influencé la vie politique, économique et culturelle du pays.

À Montevideo, le chef du Protocole uruguayen s'en remet un peu trop facilement aux services de sécurité. Lors de la séance de travail de clôture, sa proposition est de loger le Président et sa délégation dans un des meilleurs grands hôtels du centre-ville, car il est facile à protéger, et commode pour l'arrivée et le départ des cortèges. Mon homologue me signale en passant que cet hôtel appartient à la secte Moon. Ceci ne pose aucun problème aux Uruguayens, mais j'objecte aussitôt qu'il va en être un pour nous, tant la réputation de Moon est sulfureuse en France. Nous ne devons faire courir aucun risque à notre président. Nous choisirons, pour lui et ses plus proches collaborateurs, un petit hôtel récemment rénové dans un style anglais très raffiné. Nous en sommes tous si satisfaits que j'aiderai son propriétaire, à mon retour à Paris, à intégrer la chaîne des Relais et Châteaux, ce dont il rêve depuis des années.

Le Président aurait voulu restituer aux autorités uruguayennes les restes du cacique indien charrua Vaimaca, ramené d'une expédition en 1835, et exposé à l'époque à un public curieux d'anthropologie lointaine. Son squelette était conservé par le Muséum national d'histoire naturelle.

Nos scientifiques n'avaient aucune objection à cette restitution. En Uruguay, elle était souhaitée par le Parlement, mais mettait mal à l'aise le gouvernement, qui redoutait la relance de la polémique sur l'extermination des communautés indiennes par les premiers colons européens. Le projet fut abandonné, mais les restes du cacique Vaicama seront finalement rapatriés à Montevideo en 2003, au cours d'une cérémonie solennelle, avec les honneurs militaires.

Jacques Chirac s'adresse aux deux chambres réunies du Conseil législatif. Il inaugure une usine de montage Citroën. Les sociétés françaises sont intéressées par les grands projets d'infrastructure, à commencer par le pont qui devrait relier l'Uruguay et l'Argentine au-dessus du Río de la Plata. Le Président pose la première pierre de la nouvelle chancellerie de l'ambassade. Les élèves du lycée français Jules-Supervielle chantent *La Marseillaise*, puis « Sous les ponts de Paris » et « L'hymne à l'amour » d'Édith Piaf. Tout se présente donc bien mais, au moment des discours, ce n'est pas le maire de Montevideo qui prend la parole comme annoncé à la mission préparatoire. Au nom de la municipalité, un conseiller municipal, appartenant au mouvement d'extrême gauche des Tupamaros, se lance dans une diatribe violente contre la reprise des essais nucléaires français, deux ans auparavant. Le Président écoute stoïquement l'interprétation de Micheline Durand. L'ambassadeur est blême. Peu après, l'accueil chaleureux des députés et des sénateurs, et les attentions redoublées du président Julio María Sanguinetti, font oublier l'incident.

Nous nous rendons ensuite en Bolivie. Lors de la mission préparatoire, le médecin de la présidence bolivienne avec lequel Claude Kalfon s'entretient des dispositions habituelles à prendre le met en garde sur le risque du

« mal des montagnes » qui pourrait toucher notre délégation si elle arrivait directement à La Paz, à près de 4 000 mètres d'altitude, sans étape intermédiaire d'accoutumance. Je demande à mon homologue si une nuit à Cochabamba (1 800 mètres) serait envisageable, métropole dans laquelle le président Gonzalo Sánchez de Lozada a commencé sa carrière politique, et à laquelle il reste très attaché. L'accord se fait facilement sur cette escale, qui permettra un dîner dans un palais décoré de très belles toiles religieuses espagnoles et une première prise de contact entre les deux chefs d'État dans les meilleures conditions. Le Diamox prescrit par Claude Kalfon et le maté de coca délivreront de tout souci les membres de la délégation.

Quand nous arrivons dans la capitale, le lendemain matin, la descente de l'aéroport de El Alto (4 150 mètres) vers le centre-ville de La Paz (3 640 mètres) se fait à très petite allure, car la route est bordée de milliers d'Amérindiens, les femmes vêtues, comme tous les jours, de plusieurs jupes superposées de toutes les couleurs, et portant leur chapeau melon traditionnel, le *bombín*. Cette foule fait onduler drapeaux ou mouchoirs en l'honneur du Président. Jacques Chirac est très ému. Il fait arrêter sa voiture plusieurs fois pour les saluer et leur dire sa joie d'être là.

Le Président veut remercier la Bolivie de ne pas avoir condamné la reprise des essais nucléaires, alors que plusieurs États latino-américains l'avaient fait en termes sévères. En retour, Gonzalo Sánchez de Lozada lui a manifesté sa gratitude lorsque, à sa demande, Jacques Chirac a intercédé auprès de la Fédération internationale de football pour que la Bolivie soit autorisée, malgré les défis de l'altitude, à accueillir les matchs éliminatoires de la Coupe du monde de 1998. Jacques Chirac a été le seul chef d'État à donner suite à la démarche du président bolivien. Le retentissement de son geste a été considérable en Bolivie. La France aidait ce peuple pauvre à retrouver sa dignité. Aussi le Président avait-il proposé que se joue pendant sa visite un match amical entre deux sélections de jeunes footballeurs français et boliviens. Il a lieu au stade Hernando-Siles, le plus élevé du monde (3500 mètres). Les gradins sont archicombles. Le match est précédé de danses traditionnelles indiennes. Le Président fait son entrée à grand renfort de trompettes. Après avoir reçu la veille des mains de Gonzalo Sánchez de Lozada les insignes de grand-croix de l'ordre du Condor des Andes, il reçoit sur la pelouse du stade le collier du Condor d'or, distinction propre au football bolivien. Le présentateur du match l'annonce en hurlant dans son micro. La foule exulte. Devant cette accumulation de condors, les ministres et la délégation française sont pris de fou rire. Le coup d'envoi est donné par Michel Platini, invité personnel du Président, devant un public en liesse de 50000 personnes. Les Français gagnent par 2-0.

Dans son discours devant les deux chambres du Congrès, Jacques Chirac propose l'aide de la France à la lutte contre la drogue, en reconnaissant le principe de coresponsabilité des pays producteurs, dont la Bolivie est le deuxième d'Amérique latine, et des pays consommateurs. Il souligne que cette coresponsabilité « ne permet à personne de donner des leçons aux autres ». Il rappelle qu'il a beaucoup plaidé pour que l'Europe aide la Bolivie à développer des cultures alternatives à la coca, et lui ouvre son marché.

Ce voyage offre au Président, c'était pour lui un but essentiel, l'opportunité d'exprimer son respect pour les peuples amérindiens. Sa passion pour leur histoire et leur culture remonte au cours de Jacques Soustelle sur l'Amérique latine, qu'il avait suivi à Sciences Po. Il leur avait déjà rendu hommage à Paris, lors d'une grande rencontre internationale amérindienne organisée à l'Assemblée nationale par le ministre du Tourisme Léon Bertrand, élu de Guyane. Maire de Paris, Jacques Chirac avait refusé, à la grande surprise des Espagnols, d'associer la capitale à la commémoration du 500e anniversaire de la découverte de l'Amérique par Christophe Colomb. Il retrouve à La Paz le vice-président Víctor Hugo Cárdenas, devenu son ami, premier Amérindien à accéder à une telle fonction en Amérique latine, après que le président Gonzalo Sánchez de Lozada eut fait voter une réforme de la Constitution reconnaissant le caractère pluriethnique et multiculturel du pays. Il l'élève à la dignité de grand officier de la Légion d'honneur, et remet à son épouse, Lidia Catari Huanapaco, les insignes de commandeur.

L'étape suivante est le Paraguay. Jacques Chirac veut, là aussi, saluer le retour et la consolidation de la démocratie après la longue et sombre période Alfredo Stroessner. Juan Carlos Wasmosy est le premier chef d'État civil depuis 1954. Lors de la mission préparatoire, j'explique, en m'excusant beaucoup, pourquoi l'étape paraguayenne du voyage présidentiel sera plus courte que les autres (vingt-quatre heures seulement) et, de surcroît, tombera un dimanche. Ce long voyage a été très compliqué à monter. Il n'y avait pas d'autre possibilité. Le chef du Protocole nous met tout de suite à l'aise : pour le Paraguay, cette visite, la première d'un chef d'État français, est un événement. Il a instruction du président Wasmosy de tout faire pour nous être agréable. Il regrette seulement que le Congrès ne puisse pas être convoqué, car les parlementaires seront dans leur circonscription pour le week-end.

Jacques Chirac ne pourra donc s'adresser à l'ensemble des députés et sénateurs, comme il le fera dans les quatre autres pays. Nous nous mettons d'accord sur une formule plus simple : le Président se rendra symboliquement au siège du Parlement pour rencontrer des représentants des deux commissions des affaires étrangères et des groupes d'amitié.

Juan Carlos Wasmosy reçoit Jacques Chirac et la délégation dans le jardin de la résidence présidentielle, où il a fait préparer un déjeuner-buffet de grillades. Il fait très beau, l'ambiance est détendue. Wasmosy et son épouse cultivent le style d'un couple présidentiel jeune, sportif, moderne, Les Français font honneur à l'asado ! Cerise sur le gâteau, le président du Paraguay vient à la résidence de notre ambassadeur pour la réception des Français et la remise de la Légion d'honneur au grand écrivain Augusto Roa Bastos.

La tournée sud-américaine se termine par l'Argentine, à l'invitation de Carlos Menem.

J'ai préparé la visite avec un chef du Protocole qui tient parfaitement les choses en mains, Jorge Marcelo Faurie, admirateur de Napoléon dont il a la silhouette, très autoritaire, et devant lequel tous les services s'inclinent sans barguigner[1].

Là encore, une relation de très grande cordialité s'établit entre les deux chefs d'État. Le Président déjeune avec des chefs d'entreprise à la Bourse du Commerce, s'adresse aux deux chambres réunies, et rencontre les étudiants de la faculté de droit de Buenos Aires. Chaque fois, il salue le retour à la démocratie, la paix revenue sur

1. Il deviendra plus tard ministre des Affaires étrangères du président Mauricio Macri.

le continent entre États voisins, et consacre de longs développements à la nécessité d'une mondialisation maîtrisée. Il parle aussi beaucoup du Mercosur, auquel il souhaite le même succès que l'intégration économique européenne. À la résidence de France, sur l'estuaire du Rio de la Plata, lorsqu'il remercie notre ambassadeur pour son action, comme il le fait toujours, la communauté française fait une ovation à Renaud Vignal.

Au début de la préparation de la visite à Paris, l'ambassadeur d'Argentine en France, Juan Archibaldo Lanús, est venu nous faire une proposition. En 1845, lorsque la France et la Grande-Bretagne tentèrent de pénétrer à l'intérieur du continent pour exploiter ses richesses, notamment son coton, les flottes française et britannique réussirent à franchir le blocus du Río de la Plata par les forces argentines, et à remonter l'embouchure du fleuve Paraná. Elles furent obligées de faire demi-tour, mais eurent l'élégance de saluer leur adversaire victorieux de 21 coups de canon[1]. Les marins français ramenèrent comme trophées des drapeaux argentins, entreposés depuis au musée de l'Armée. L'ambassadeur d'Argentine était convaincu que le retour, ne serait-ce que d'un seul de ces drapeaux, serait un geste très apprécié. Jacques Chirac ayant donné son accord, il fallut convaincre le directeur du musée de l'Armée. Ces drapeaux de plus de quatre mètres de long étaient en piteux état, mangés par la poussière, et risquaient de se pulvériser une fois à l'air libre et déroulés. Le directeur du musée craignait pour la préservation du patrimoine dont il avait la charge,

1. Bataille de la Vuelta de Obligado (20 novembre 1845). Elle donna son nom à la station du métro parisien rebaptisée en 1947 *Argentine* après la visite d'Eva Perón en France.

mais mesura vite la portée diplomatique de l'opération. Un gros travail de restauration fut accompli par l'atelier textile du musée. La cérémonie officielle de remise, avec les honneurs militaires, eut un grand écho médiatique dans toute l'Argentine. « Archi » avait raison !

Dîners d'État

Le grand dîner, dans la salle des Fêtes de l'Élysée, est un temps fort de toute visite d'État. Il permet au président de la République d'accueillir, en l'honneur de son hôte, plus de deux cents invités.

L'ambassadeur de France dans le pays concerné prépare longtemps à l'avance un projet de liste. Il est le mieux placé pour savoir quelles sont, en France, les personnalités qui ont des liens avec son pays de résidence : chefs d'entreprise, universitaires, chercheurs, artistes, journalistes, etc. Ensuite, cette liste suit tout un circuit, au sein du Quai d'Orsay puis de l'Élysée, chacun voulant mettre son grain de sel et ajouter des noms. Le résultat est que la validation de la liste intervient tard, et le Protocole n'obtient le feu vert, pour lancer les invitations que, parfois, quinze jours seulement avant le dîner. J'envie mes collègues britanniques : les invitations à Buckingham pour un dîner d'État partent deux mois avant la visite. En sa qualité d'ancien président de la République, Valéry Giscard d'Estaing est systématiquement invité. Il a demandé à recevoir à cet effet une lettre personnelle du président Mitterrand. Chaque fois, il décline l'invitation. Mais si, par erreur, il ne la reçoit pas à temps, son secrétariat particulier nous relance.

D'une manière générale, les réponses tardent à venir, comme c'était déjà le cas à l'époque du général de Gaulle[1]. Le dîner d'État a lieu en principe le lundi soir, premier jour de la visite d'État. Le samedi et le dimanche, mon équipe de l'Élysée doit relancer encore de nombreux invités. Nous n'avons la liste définitive des présents que le matin du dîner. Certaines catégories de personnalités sont rarement disponibles : grands artistes du cinéma ou du théâtre, en tournage ou en répétition; grands scientifiques, prix Nobel en particulier, souvent à l'étranger pour un congrès. Dès la réponse positive obtenue, la cellule du Protocole de l'Élysée expédie les cartons d'invitation, calligraphiés avec beaucoup de soin par les gardes républicains du service « dessins-impressions » du palais. Cette calligraphie me rappelle la visite de François Mitterrand à Québec, lorsque j'étais consul général. Un déjeuner privé était prévu à la résidence. Lors de la mission préparatoire, le chef du Protocole, Henri Benoît de Coignac, m'avait indiqué que le Président avait l'intention d'y convier ses proches collaborateurs et ses invités personnels. Mais, bien qu'occupant des lieux, je ne devais pas m'attendre à figurer nécessairement sur la liste. Le jour J, je m'apprêtais donc à rejoindre à l'entresol la table dite « technique » ou « protocole ». Une demi-heure avant le repas, le calligraphe venu de l'Élysée prépare les chevalets que chacun trouvera à sa place. Je regarde au-dessus de son épaule, et je le vois soudain écrire mon nom.

— Je suis donc invité, finalement ?

— Ce n'est qu'une hypothèse, me répond prudemment le garde républicain calligraphe.

Cette hypothèse se confirma.

1. Jean-Paul Alexis, *Au protocole du général de Gaulle, souvenirs insolites de l'Élysée*, Perrin, 1999.

Je consacrais au plan de table du dîner d'État l'après-midi du dimanche. Deux outils de travail permettent de placer facilement les plus hautes personnalités, de part et d'autre des deux chefs d'État, à l'extrémité de la table en U : pour les invités français, le décret de 1989 sur les préséances, et, pour les étrangers, la liste protocolaire fournie par leur ambassade à Paris. Le décret couvre bien les hautes autorités de l'État, présidents du Sénat et de l'Assemblée nationale, ministres, anciens Premiers ministres, et ce qu'on appelle les corps constitués : vice-président du Conseil d'État, premiers présidents de la Cour de cassation et de la Cour des comptes, grand chancelier de la Légion d'honneur, chef d'état-major des armées, hauts magistrats, préfet de police et préfet d'Île-de-France, députés et sénateurs, secrétaires généraux du gouvernement, de la Défense et de la Sécurité nationale et du Quai d'Orsay, grands élus, etc. Nous faisons en sorte d'alterner hommes et femmes, Français et étrangers, ce qui nous amène à recruter des interprètes supplémentaires qui feront « petite chaise », prenant place derrière les convives. Mais une bonne partie des invités, et ils sont nombreux, sont issus de la société civile : monde de la culture, chefs d'entreprise, journalistes etc. Leur rang protocolaire n'est pas prévu par le décret. Après la partie automatique du plan de table, il y a donc, pour le chef du Protocole, une partie pour laquelle le bon sens remplace les textes. Comme les invités vont probablement comparer pendant le dîner leur placement avec celui des autres convives, je veillais par exemple à ce que les présidents de Renault et de PSA occupent à la table strictement le même rang. Nous faisions aussi très attention aux « mauvaises places » situées à côté des piliers, qui donnaient l'impression de dîner à côté d'un trou. Je les réservais, soit à des invités que je connaissais bien et dont je savais que, flattés de dîner à l'Élysée, ils ne s'en plaindraient pas ; soit, au contraire, à des invités désagréables qui s'étaient particulièrement mal comportés à l'égard de mon équipe.

La préparation d'un dîner d'État mobilise, sous la direction de l'intendant du palais, unique interlocuteur du chef du Protocole, toute une série de métiers : le chef cuisinier, Joël Normand[1], et sa brigade d'une vingtaine de cuisiniers et pâtissiers ; le sommelier, qui a la responsabilité d'une cave de plus de 10 000 bouteilles, où sont représentés les plus grands crus ; les maîtres d'hôtel, qui dressent la table à la ficelle, pour obtenir des alignements impeccables, et servent le dîner ; les argentiers, en charge des grands candélabres, des couverts en argent et vermeil et de la cristallerie ; les lingères, qui ont la responsabilité de la collection de nappes brodées, celles de la grande table en U mesurant 37 mètres de long ; les fleuristes[2].

Le cérémonial du dîner d'État a beaucoup d'allure. Le grand tapis rouge est déroulé jusqu'au porche de la cour d'honneur. La Garde républicaine est présente avec sa batterie-fanfare. Les invités prennent l'apéritif dans les salons, puis sont présentés aux deux chefs d'État et à leurs épouses. Je ne peux m'empêcher de penser à ce dîner d'État, à l'époque du général de Gaulle, auquel étaient conviés le directeur général des impôts et son épouse. L'huissier avait lu un peu vite le carton d'invitation,

---

1. Meilleur ouvrier de France, Joël Normand a servi cinq présidents, du général de Gaulle à Jacques Chirac. Il a publié *La Ve République aux fourneaux*, La Table Ronde, 1999.

2. Cf. Laurent Stéfanini, *À la table des diplomates*, Gallimard, coll. « Folio », 2019.

et avait annoncé d'une voix de stentor : « Monsieur le Directeur général Dominique de La Martinière et Madame des Impôts. » Excédé, le Général avait convoqué les huissiers le lendemain pour leur apprendre à lire correctement les cartons et les faire répéter[1].

Lorsque les invités pénètrent dans la salle des Fêtes, avec un accompagnement musical de l'orchestre de chambre de la Garde républicaine, ils découvrent une table magnifique. Les serveurs – dont le nombre peut atteindre une quarantaine avec les extras – entrent dans la salle des Fêtes selon un ballet parfaitement réglé et répété. Les cafés sont pris dans les salons. Le Président me demande de faire venir tel ou tel invité pour le présenter à son hôte. Jacques Chirac ne manquait aucune occasion d'appuyer nos entreprises : « Monsieur le Président, disait-il en posant sa main sur l'épaule du patron invité, je voulais vous présenter M. X., qui a créé et dirige en Bretagne une PME particulièrement dynamique. Il a un projet dans votre pays, dont il aimerait vous dire un mot. Je le connais bien. Vous pouvez avoir toute confiance. »

Je garde un souvenir particulier d'un dîner d'État : celui que Jacques Chirac offrit en l'honneur du président de la République d'Arménie, Levon Ter-Petrossian, le 12 juin 1996. Le Président y attache beaucoup d'importance. Il invite un grand nombre de personnalités françaises d'origine arménienne, à commencer par Charles Aznavour. Il souhaite à cette occasion faire un geste qui touchera les Arméniens, et me demande de consulter l'une de ses anciennes collaboratrices à la Ville de Paris, qui assurait à son cabinet la liaison avec la diaspora arménienne. Elle me suggère de faire venir un joueur

1. Jean-Paul Alexis, *op. cit.*

de doudouk, ce petit pipeau traditionnel dont jouent les bergers arméniens lorsqu'ils accompagnent leur troupeau de moutons dans les montagnes. Celui qu'elle me recommande habite Marseille. Il est cordonnier de son métier. Je l'appelle. Il est paniqué à l'idée de jouer à l'Élysée devant deux chefs d'État et plus de deux cents invités. Il refuse. J'insiste. Il finit par accepter. Le Protocole prend en charge son voyage, son accueil et son hébergement.

Le soir du dîner d'État, je l'installe dans les coulisses de la salle des Fêtes. Le dîner est très chaleureux, le Président connaît très bien les Arméniens, leur histoire, leur culture. Dans son toast à la fin du repas, il fait remonter aux croisades les liens avec la France et rappelle qu'un Poitevin, Léon V de Lusignan, dernier roi d'Arménie, est enterré à Saint-Denis avec les rois de France. Il évoque le génocide (« une barbarie programmée ») et célèbre la « vaillante petite alliée » de Clemenceau. Il termine en annonçant « une petite surprise ». Je vais chercher le cordonnier marseillais, qui est très tendu. Il s'avance au centre de l'immense table en U. Quand il commence à jouer, un silence impressionnant se fait. C'est une longue et triste mélopée. Beaucoup d'invités ont la larme à l'œil. Ils l'applaudissent à tout rompre. Le Président a su les toucher au cœur.

Indispensables interprètes

Contrairement aux institutions internationales, Union européenne, ONU notamment, qui ont leurs propres corps d'interprètes à plein temps pour toutes leurs langues officielles, les interprètes des chefs d'État et de gouvernement, et c'est le cas en France, ne sont permanents que pour certains d'entre eux seulement. Pour les langues moins couramment pratiquées, ils sont recrutés parmi les interprètes exerçant leur profession libérale en *free lance*. Il est fait appel à eux pour une réunion, un repas officiel, un entretien téléphonique, ou bien une vidéo-conférence, devenue depuis 2020, en raison des restrictions sanitaires, un instrument de travail courant.

Christopher Thiéry, qui a présidé l'Association internationale des interprètes de conférence (AIIC), et longtemps enseigné le métier, a été l'interprète de cinq présidents de la République, du général de Gaulle à Jacques Chirac, pour toutes leurs rencontres avec les présidents des États-Unis et les Premiers ministres britanniques. Brigitte Sauzay (1947-2003) a commencé sa carrière à vingt-trois ans, à l'occasion d'un sommet Georges Pompidou-Willy Brandt. Elle a servi le dialogue franco-allemand pendant vingt-cinq ans, au plus haut niveau de l'État, y compris en exerçant la fonction, inédite et créée pour elle par Gerhard Schröder, de conseillère du Chancelier fédéral pour les relations avec la France.

Je peux témoigner de la confiance totale qu'un chef d'État accorde à son interprète. Quand deux chefs d'État se rencontrent en la seule présence de leurs interprètes, ils savent que rien ne se saura du contenu de leur entretien, sauf autorisation donnée par eux à l'interprète de rendre compte à leur conseiller diplomatique. Lorsque j'ai préparé la visite officielle de Jacques Chirac en Arabie Saoudite, la première question du directeur du Protocole royal a été : « Quel sera l'interprète de votre président ? » Ce serait Nada Yafi, qui l'accompagnait dans tous les pays arabes. « C'est très bien, me répondit mon collègue, si c'est Madame Yafi, le roi sera content. » J'admirais la culture des interprètes de conférence, leur aptitude à assimiler un dossier parfois très technique, qui leur est communiqué souvent au dernier moment, le naturel avec lequel tous savaient reproduire dans leurs moindres nuances les propos, les intonations, de celui ou de celle qui parle. À l'initiative de Brigitte Stoffaës et de Christopher Thiéry, un corps d'interprètes à plein temps fut créé au Quai d'Orsay, et réunit avec eux, pendant quelques années, Maria Romensky pour le russe, Micheline Durand pour l'espagnol, et Nada Yafi.

La profession d'interprète est particulièrement exigeante. Au nom du secret professionnel total et absolu, il est exclu qu'un interprète écrive ses mémoires, alors qu'il peut être très sollicité, même si les interlocuteurs qu'il a interprétés ne sont plus de ce monde[1]. Un jour, une interprète de conférence roumaine voulut publier le récit d'un entretien entre le général de Gaulle et le président Ceauşescu. Elle le fit après avoir démissionné de l'AIIC, sans quoi elle en aurait été exclue.

Au-delà d'une connaissance parfaite des langues, acquise par hasard pour certains, par une formation spécifique pour les autres, l'interprète doit réunir puissance de concentration, attention de tous les instants et humilité. Il ne suffit pas d'être un linguiste reconnu pour faire un bon interprète. La profession se souvient de la visite d'État que François Mitterrand avait faite au Japon en 1982, au début de son premier septennat, et de son discours devant la Diète. Pour une fois (qui ne se reproduira pas), l'interprète recruté pour le japonais n'était pas un interprète de carrière, mais un universitaire spécialiste du Japon, et respecté. Dès les premières phrases du discours, l'auditoire de parlementaires semble interloqué. Puis il éclate de rire : sans le savoir, notre président s'exprime dans une langue japonaise très ancienne et complètement tombée en désuétude...

L'interprète doit être présent et disponible, mais aussi très discret et savoir s'effacer. Comme le chef du Protocole, ou l'aide de camp, il fait partie de l'entourage du chef de l'État ou du Premier ministre, mais pas de ses collaborateurs politiques qui l'accompagnent depuis des années, ni davantage de son cercle d'amis. Ainsi que le souligne Amanda Galsworthy, le défi, pour l'interprète, est, contrairement à la phrase de Hamlet, «*to be* and

1. Il y eut dans l'histoire de rares exceptions : Oswald Hesnard, interprète pour l'allemand d'Aristide Briand, et Paul-Otto Schmidt, interprète d'Hitler.

not to be ». Comparant les interprètes aux traducteurs, dont certains, tels saint Jérôme, Thomas d'Aquin, Luther, ont joué un rôle historique, Constantin Andronikof, qui fut l'interprète du général de Gaulle pour le russe, a écrit : « Il est naturel qu'aucun nom d'interprète ne marque dans l'histoire, puisque par nature il ne fait que parler, et que sa matière première comme son produit fini sont oraux, donc évanescents. »

Dans le tourbillon des rencontres internationales, la présence de l'interprète rassure. Il ou elle garantit à chacun, ministre, chef de gouvernement, chef d'État, que ce qu'il a à dire sera bien compris par son interlocuteur, et réciproquement. La montée en puissance de l'anglais dans les échanges internationaux n'a pas rendu les interprètes moins nécessaires. Ce n'est pas de l'anglais en fait, mais une langue nouvelle, mondiale mais très appauvrie, le *globish*, qui ne permet pas d'exprimer avec la finesse et la précision nécessaires ce qu'on veut dire, si bien que chacun préfère utiliser sa langue. L'interprète sert aussi de filet de sécurité lorsqu'une haute personnalité croit, à tort, parler ou comprendre la langue de son interlocuteur, alors qu'elle n'a pas le niveau linguistique suffisant pour en saisir toutes les subtilités.

Je savais que c'était un vrai métier. Des circonstances totalement imprévues m'ont amené à avoir une idée plus précise de sa difficulté. C'était au Guildhall de Portsmouth, le 4 juin 1994, lors du grand dîner d'État offert par la reine Elizabeth II en l'honneur des chefs d'État et de gouvernement pour commémorer le 50e anniversaire de l'embarquement des troupes alliées, lesquels allaient se retrouver en Normandie pour les cérémonies du 6 juin. La reine avait à sa droite le président Mitterrand et à sa gauche Bill Clinton. Christopher Thiéry, faisant petite chaise, assurait l'interprétation chuchotée entre le président de la République et la reine, pour le cas où cela aurait été nécessaire. Le Protocole de Buckingham avait placé Mme Mitterrand en face de la reine, de l'autre côté de la grande table ronde, entre deux hautes personnalités britanniques, dont il avait présumé, mais sans vérifier, qu'une au moins parlerait le français.

Le dîner d'État débute par les toasts de circonstance. Puis les conversations s'engagent et le Protocole britannique s'aperçoit très vite que Danielle Mitterrand ne peut communiquer avec aucun de ses deux voisins, car aucun n'est francophone. Mon collègue de Buckingham vient me voir en catastrophe dans la petite salle à manger voisine, où la « table technique » réunit dans une atmosphère très détendue, car nous nous connaissons bien, chefs du Protocole, aides de camp et officiers de sécurité. « Daniel, auriez-vous sous la main quelqu'un qui puisse interpréter Mme Mitterrand et venir tout de suite ? » La réponse est non et, avec une totale inconscience, je me porte volontaire. J'attends la fin des hors-d'œuvre et le service suivant pour me glisser parmi les serveurs, une chaise sous le bras, et vais prendre place entre Danielle Mitterrand et l'archevêque de Canterbury. Le primat de l'Église anglicane est heureux de pouvoir enfin parler à sa voisine. Je n'ai pas de difficulté à interpréter vers l'anglais Mme Mitterrand. Le primat se lance dans un exposé d'une haute tenue, mais il s'exprime vite, d'une voix sourde et, dans le brouhaha de ce dîner de cinq cents invités, je n'arrive pas à saisir toutes ses nuances. Cette folle expérience d'interprétariat amateur s'arrêtera là. Elle fut sauvée grâce à la bienveillance de Mme Mitterrand, à la bénédiction du primat de Canterbury, et à un dîner qui, fort heureusement, ne s'éternisa pas trop.

Cadeaux d'État

Les échanges de cadeaux entre chefs d'État sont une tradition ancienne. Les ambassadeurs de Louis XIII et de Louis XIV partaient avec un portrait du roi et une réserve de présents destinés aux plus hautes autorités de leur pays d'accréditation, représentatifs de l'artisanat français dans ce qu'il avait de plus raffiné. Le roi accordait une audience de congé aux ambassadeurs étrangers qui terminaient leur mission en France, et leur offrait une très belle joaillerie.

François Mitterrand, puis Jacques Chirac ont toujours choisi personnellement les cadeaux qu'ils offraient lors de leurs voyages officiels, ou à un chef d'État accueilli à l'Élysée. Nous nous informions, par l'intermédiaire de notre ambassade, des goûts du destinataire. Le président Mitterrand offrait des livres anciens lorsqu'il savait qu'ils feraient plaisir. Par exemple, pour le président roumain Emil Constantinescu, ancien professeur de géologie à l'université de Bucarest, nous avions trouvé un ouvrage rare sur sa discipline. François Mitterrand aimait aussi faire connaître à l'étranger l'artisanat français contemporain : sculptures, orfèvrerie. Au roi Juan Carlos et à la reine Sofia, qui le recevaient à déjeuner à la résidence de la Zarzuela, il avait offert un service à café de Goudji en argent bosselé serti de lapis-lazuli. Le cadeau pour Nelson Mandela était une sculpture d'Haïm Kern symbolisant notre devise « Liberté, Égalité, Fraternité ».

Dans certains voyages présidentiels, l'Airbus transportant les journalistes embarque en soute une grosse caisse en bois : c'est le globe dont, au début de son premier septennat, François Mitterrand a fait réaliser une série par l'atelier de l'architecte Fernand Pouillon. Ces globes imitent les globes terrestres du cartographe Vincenzo Coronelli, dont un exemplaire avait été offert à Louis XIV par son ambassadeur près le Saint-Siège, le cardinal d'Estrées. Il faut regarder le globe présidentiel de très près, car il est facétieux : le portrait officiel de François Mitterrand figure dans l'océan Pacifique, et la carte de la France indique, en tout petits caractères, les lieux qui jalonnèrent la vie du Président : Jarnac, Cluny, Château-Chinon, Latche.

Un musée aménagé à Château-Chinon rassemble tous les cadeaux étrangers reçus par François Mitterrand au cours de ses deux mandats : céramiques, verreries, pièces d'argenterie et d'orfèvrerie, dessins, gravures, tableaux, meubles, tapisseries, venant des cinq continents, ainsi que les cartes postales qu'il envoyait de l'étranger à ses amis nivernais.

Un cadeau, cependant, n'est pas à Château-Chinon : le cadeau turkmène. François Mitterrand s'est rendu au Turkménistan en avril 1994, après sa visite en Ouzbékistan. Son homologue Saparmourat Niazov n'a pas la raideur glaçante d'Islam Karimov. Il est enjoué, avec un côté paysan madré, et le culte de sa personnalité n'a pas encore la dimension extravagante qu'il prendra plus tard.

Le grand moment de ce déplacement, qui se déroule dans un climat beaucoup plus chaleureux que l'étape de Tachkent, n'est pas la visite de la manufacture nationale de tapis, ni le déplacement sur le site parthe de la forteresse de Nissa, avec un petit spectacle de figurants en costume d'époque, mais la présentation au haras national d'Achgabat de ces fameux chevaux akhal-teké, qui font depuis l'Antiquité la fierté des Turkmènes et sont un élément important de leur patrimoine national. Ils galopent à une vitesse stupéfiante, montés sans selle par de jeunes cavaliers.

Le président Niazov offre à François Mitterrand un superbe étalon, Gend Jim. Il sera convoyé jusqu'à Paris avec le plus grand soin, par train, *via* Moscou et Varsovie. À l'arrivée du cheval à Paris, Béatrice Marre me met dans la confidence : le cheval est destiné à Mazarine Pingeot, il sera accueilli dans un haras de Rambouillet, et je recevrai la visite très discrète de l'écuyer chargé d'en prendre soin. La destination du cheval sera révélée plus tard. Gend Jim sera présenté à la presse dans le manège du régiment de cavalerie de la Garde républicaine, au quartier des Célestins.

Lorsque Jacques Chirac prend ses fonctions, il me fait part de l'importance qu'il attache au choix des cadeaux qu'il sera amené à offrir à ses hôtes étrangers. Il souhaite qu'ils soient aussi personnels que possible, et fassent plaisir. Pour son grand voyage en Amérique latine, nous commandons chez Hermès une selle de cheval en vache et en veau pour le président argentin Carlos Menem. Au Paraguay, il offre au président Wasmosy une caisse de très grands crus de Bordeaux. En Bolivie, nous savons par son entourage qu'une écharpe de cachemire sera très appréciée par l'élégant Gonzalo Sánchez de Lozada.

Au retour de sa visite officielle en Syrie, où Hafez el-Assad lui a offert un cadeau disproportionné par rapport aux usages (un mobilier de salon complet, avec canapé, fauteuils, guéridon, table basse, en marqueterie précieuse de Damas incrustée de nacre), le Président me demande de venir le voir pour reparler cadeaux. Celui du chef de l'État syrien ira directement au musée créé à Sarran par Jean-Michel Wilmotte, pour réunir les cadeaux d'État, comme l'avait fait à Château-Chinon François Mitterrand. Mais, pour l'avenir, le Président me demande de dire à mon homologue, lors de la mission préparatoire, que rien ne lui ferait plus plaisir qu'« un petit cadeau, facile à transporter dans sa valise et à mettre chez soi ».

C'est fort de ces instructions que je me rends à Ouagadougou, où va se tenir, les 5 et 6 décembre 1996, le sommet France-Afrique. À la fin de notre réunion de conclusion, j'évoque la question des cadeaux avec le chef du Protocole du Burkina Faso. Il me dit comprendre parfaitement le message du président français, et l'approuver. J'insiste sur le fait que, en retour, Jacques Chirac veut faire à son ami Blaise Compaoré un cadeau qui lui fera vraiment plaisir. Mon collègue revient le lendemain avec la réponse : un vélo, pour permettre au chef de l'État, grand sportif, d'inaugurer la première étape du Tour du Burkina. Il ne me dit pas quel cadeau son président a en tête pour le nôtre. Dès mon retour à Paris, je vais choisir un vélo de course Peugeot dernier cri. L'avant-dernier jour du sommet, Blaise Compaoré offre un dîner en l'honneur de ses homologues dans les jardins du palais présidentiel. Jacques Chirac est placé à sa droite. À la fin du repas, mon collègue me fait signe : le moment de l'échange des cadeaux est arrivé. Il disparaît et revient… avec un cheval du Sahel. Jacques Chirac sait ce que signifie un tel présent dans la civilisation haoussa, et improvise un remerciement qui touche beaucoup « son ami Blaise » et tous les invités africains présents. Il termine son toast en le félicitant pour son dynamisme et son goût du sport, et je vais chercher la bicyclette.

Corps diplomatique

Le rôle du chef du Protocole ne se limite pas à organiser visites officielles, cérémonies et rencontres internationales. Il est là aussi, depuis le XVIe siècle, pour faire en sorte que la mission en France des diplomates étrangers se déroule le mieux possible.

La France accueille 164 ambassadeurs et 24 ambassadeurs non résidents, ces derniers basés à Londres, Bruxelles ou Berlin. Il faut ajouter les 250 délégués permanents auprès de l'UNESCO et de l'OCDE à Paris et du Conseil de l'Europe à Strasbourg, les 50 consuls généraux et 550 consuls honoraires, soit près de 50 000 personnes qui reçoivent du Quai d'Orsay, c'est-à-dire du Protocole, leur titre de séjour. C'est le Protocole qui est chargé de faire appliquer en France les conventions de Vienne de 1961 et 1963, définissant les privilèges et les immunités auxquels ils ont droit dans l'exercice de leurs fonctions, et conçus pour faire respecter les États, à travers les diplomates qui les représentent, et leur permettre de remplir leur mission en toute indépendance. L'inviolabilité des locaux diplomatiques (la police ne peut pénétrer dans une ambassade ni perquisitionner sans l'accord de l'ambassadeur) et l'immunité de juridiction pénale des diplomates sont très anciennes.

Ces privilèges et immunités ne signifient pas que les diplomates peuvent faire n'importe quoi et échapper aux lois du pays qui les accueille. Immunité ne veut pas dire impunité. Une ambassade à Paris doit payer son loyer, ses factures d'eau, d'électricité, de téléphone. Le Protocole peut intervenir en faveur d'une ambassade défaillante, solliciter indulgence et rééchelonnements, mais n'a pas de ligne budgétaire, et c'est bien normal, qui lui permettrait de prendre ces dépenses à sa charge. L'immunité protège la fonction, pas les activités personnelles. Ces dernières années, le Protocole a été plusieurs fois saisi, par des employés de maison, de cas de maltraitance dans des missions diplomatiques étrangères. Ce sont des affaires graves, qui conduisent à une démarche très vigoureuse auprès de l'ambassadeur concerné. Il en est de même, par exemple, pour une infraction sévère au code de la route.

Le Protocole peut être amené à appuyer auprès de la préfecture de police une demande de place supplémentaire de parking, après avoir vérifié que notre ambassade dans le pays en question bénéficie de la même facilité. Je me rappelle avoir beaucoup déçu l'ambassadeur de Djibouti, dont la commande de qat, cette herbe euphorisante, à l'occasion de la fête nationale, pour toute son ambassade, avait été saisie par la douane. Le qat était répertorié comme substance interdite à l'importation. La valise diplomatique n'est pas conçue pour transporter des marchandises illicites.

Au cours de mes quatre années au Protocole, l'affaire la plus grave dont j'aie eu à connaître concernant un diplomate en poste à Paris fut celle de l'ambassadeur du

Zaïre, en novembre 1996. Convoqué par le président Mobutu dans sa résidence de Roquebrune, et craignant d'être en retard, l'ambassadeur roulait à très grande vitesse sur la route de Nice à Menton, et avait renversé deux jeunes de treize ans. L'un était mort dans l'ambulance qui le transportait à l'hôpital, l'autre à l'hôpital. Aussitôt, l'opinion locale suspecta l'ambassadeur de vouloir échapper à la justice en invoquant son immunité. Certains voulaient incendier la résidence de Mobutu. L'ambassadeur, en poste à Paris depuis six ans, demanda très vite à me voir. Il avait accompagné l'ambulance à l'hôpital, puis s'était spontanément présenté à la police, qui l'avait longuement interrogé. Il était bouleversé par ce drame et reconnaissait son entière responsabilité. Il voulait être jugé en France. Il avait demandé au président Mobutu de lever pour cela son immunité diplomatique, mais le parlement zaïrois s'était opposé à ce qu'un diplomate zaïrois soit traduit devant une « justice coloniale ». L'ambassadeur souhaitait que nous fassions une démarche auprès de son président pour appuyer la sienne. Pour calmer la bronca locale, le maire de Menton était allé voir directement Mobutu avec cette intention, mais sans résultat. Jacques Chirac intervint alors et réussit à convaincre le président zaïrois, par « une recommandation amicale mais ferme », de lever l'immunité par ordonnance, en court-circuitant son parlement. Le tribunal correctionnel de Nice mena la procédure rapidement et prononça en mars 1997 une peine de deux ans de prison avec sursis, assortie d'une amende de 56 000 euros.

Le chef du Protocole porte toujours aujourd'hui le titre d'introducteur des ambassadeurs, créé par Henri III, et qui correspond à une mission très précise : celle d'accueillir les nouveaux ambassadeurs étrangers et de les présenter au chef de l'État.

Sous l'Ancien Régime, l'introducteur attendait le nouvel ambassadeur porte Saint-Denis avec une escorte d'honneur et organisait son hébergement si son pays n'avait pas encore de résidence à Paris. Puis il préparait la cérémonie de remise des lettres de créance au roi et lui facilitait les premiers contacts avec les autorités françaises.

À Paris, aujourd'hui, chaque nouvel ambassadeur est salué à son arrivée à l'aéroport par un agent du Protocole. Dans les jours qui suivent, plutôt que de le recevoir dans mon bureau, j'avais repris la pratique de mon prédécesseur, André Gadaud, qui leur rendait visite dans leur ambassade, pour réceptionner la « copie figurée » de leurs lettres de créance. Cette marque de courtoisie, rarement pratiquée à l'étranger, a perduré. Elle est aussi un excellent moyen de se rendre compte des conditions de travail de tous ces diplomates étrangers à Paris, et de leurs inégalités. Certains logent dans de beaux hôtels particuliers historiques qui font partie de notre patrimoine, et que leur pays a très bien entretenus et rénovés. Plusieurs travaillent dans des chancelleries très modernes. Mais d'autres ambassades sont installées beaucoup plus modestement, avec de gros problèmes pour entretenir leurs locaux, parfois des immeubles très délabrés, et faire fonctionner normalement leur mission.

Le grand jour est celui de la remise des lettres de créance au président de la République. Dans le cadre de cérémonies qui en regroupaient cinq ou six, François Mitterrand et Jacques Chirac tenaient à recevoir individuellement dans le salon des Ambassadeurs les nouveaux ambassadeurs et leur accordaient une audience d'une dizaine de minutes, à laquelle participaient le ministre des Affaires étrangères et le conseiller diplomatique. Ce cérémonial était une marque de respect pour la fonction d'ambassadeur et pour l'État qu'il représentait. Il a fait place, après Jacques Chirac, ce qui est très regrettable, à des cérémonies collectives dans la salle des Fêtes, qui ne permettent plus la rencontre en tout petit comité entre l'ambassadeur et le chef de l'État. Les affectations à Paris étant en moyenne de trois ans, chaque année voit une cinquantaine de nouveaux ambassadeurs présenter leurs lettres.

Paris est une affectation convoitée, et la France accueille un corps diplomatique de très bonne qualité dans l'ensemble. J'ai eu la chance de rencontrer au cours de ma mission de grands ambassadeurs, et je me souviens de deux d'entre eux plus particulièrement.

Pamela Harriman était la première femme à représenter les États-Unis en France. C'était son rêve. Elle devait sa nomination à Bill Clinton, qu'elle avait repéré dès les années 1980 lorsqu'il était jeune gouverneur de l'Arkansas, et l'avait beaucoup soutenu financièrement lors de la campagne présidentielle de 1992. Figure très mondaine et internationale, sa vie sentimentale avait défrayé la chronique. Ses interlocuteurs français sont séduits par son élégance, son charme, la richesse de sa résidence qui accueille sa collection personnelle de Van Gogh, Renoir, Picasso, Matisse et Cézanne. Mais, en même temps, Pamela Harriman était une femme de dossiers, qu'elle plaidait elle-même dans le détail, en sachant à quel niveau et à quel moment les démarches pouvaient être efficaces dans l'administration française. Elle montra un grand savoir-faire, notamment lors de la renégociation très tendue de l'Uruguay Round, au GATT, à la demande de la France.

Alors que sa mission en France était sur le point de s'achever et que le successeur qu'elle avait proposé, Felix Rohatyn, grand banquier de New York très francophile, était déjà nommé, Pamela Harriman fut victime d'une hémorragie cérébrale en nageant dans la piscine du Ritz. Elle mourut le lendemain. Jacques Chirac l'éleva à la dignité de grand-croix de la Légion d'honneur. Dans le jardin de la résidence des États-Unis, le Président déclara : « C'est peu dire que Pamela Harriman a, de façon exceptionnelle, représenté les États-Unis en France : elle a apporté à notre vieille alliance l'éclat et le rayonnement de sa personnalité. Elle était l'élégance même. Elle était la grâce. » L'avion présidentiel, *Air Force One*, ramena sa dépouille à Washington, où Bill Clinton présida des funérailles nationales.

Un autre grand diplomate, lui aussi disparu, avait une forte présence à Paris : Aly Maher El-Sayed, ambassadeur d'Égypte en France pendant près de neuf ans. En raison de sa parfaite connaissance de notre pays et de notre langue, il était régulièrement désigné par le groupe des ambassadeurs arabes pour présenter leur point de vue sur le conflit israélo-palestinien dans les médias français. Avec l'égyptologue Christiane Desroches Noblecourt et le mécène Pierre Bergé, il procéda symboliquement, place de la Concorde, à la pose du pyramidion que l'obélisque avait perdu. Une stèle de cuivre portant son nom et celui des hautes autorités présentes lors de la cérémonie a été érigée au pied du monument. Aly Maher est bien le seul diplomate à avoir son nom gravé sur la place de la Concorde !

Un temps fort de l'année diplomatique, auquel se pliaient de bonne grâce le général de Gaulle, puis ses successeurs, était la cérémonie des vœux du corps diplomatique. Elle se tenait dans le cadre d'une longue série qui occupait une bonne partie de l'agenda du Président pour le mois de janvier. Le chef de l'État recevait successivement les vœux de la Garde républicaine, du gouvernement, du Conseil constitutionnel, des bureaux de l'Assemblée nationale et du Sénat, des armées, de la Ville de Paris, des « corps constitués » (les grands corps de l'État et les directeurs d'administration centrale), des hautes autorités religieuses, de la presse, des « forces vives de la nation » (patronat, syndicats, monde associatif). L'équipe du Protocole de l'Élysée y consacrait le mois de décembre.

Le chef du Protocole était en première ligne pour la présentation des vœux du corps diplomatique. Chaque ambassadeur à Paris était invité avec son numéro deux et son attaché de défense. Ils formaient un immense arc en fer à cheval autour de la salle des Fêtes. Le nonce apostolique, doyen du corps diplomatique, présentait ses vœux au chef de l'État au nom de tous. Le Président lui répondait. Puis le chef du Protocole lui présentait les ambassadeurs, un par un. Ils étaient placés dans l'ordre de préséance dont le principe a été fixé une fois pour toutes par l'Acte du Congrès de Vienne en 1815 : c'est la date de remise des lettres de créance qui détermine le rang protocolaire de l'ambassadeur, et rien d'autre. Qu'ils représentent un très grand ou un tout petit État, une monarchie ou une république, un pays avec lequel nous avons d'excellentes relations ou avec lequel au contraire nous sommes en froid, ils sont classés selon ce seul ordre.

Pour ma première cérémonie, en janvier 1994, je prends une initiative téméraire, que rien ne m'imposait : apprendre par cœur le pays correspondant à chaque ambassadeur, ou chaque ambassadrice, pour pouvoir le ou la présenter au chef de l'État sans consulter de fiche. Je me prépare à cet exercice dans les deux jours qui précèdent, en essayant de mémoriser leurs photos.

Le jour de la cérémonie, je me rends compte que beaucoup d'ambassadeurs ne ressemblent pas à leur photo d'identité, ou bien au contraire se ressemblent lorsqu'ils viennent de la même région du monde. Difficulté supplémentaire, plusieurs portent une coiffe nationale qui modifie leur physionomie. Tout se passe bien cependant, mes révisions ont été efficaces, mais au moment où le président Mitterrand achève la très longue série de poignées de main, tout à la fin de l'arc de cercle, nous nous trouvons devant deux ambassadeurs du Golfe vraiment très ressemblants, habillés l'un comme l'autre en abaya et portant keffieh. « Monsieur le Président, je vous présente Son Excellence Monsieur l'Ambassadeur du Qatar. — Pas du tout, réplique l'ambassadeur vexé, avec une voix de stentor, je suis l'ambassadeur des Émirats arabes unis ! » C'était le dernier, c'est raté, je n'ai pas eu 20 sur 20, ma bévue amuse le Président et je suis quand même soulagé.

Épilogue

François Mitterrand et Jacques Chirac se sont passionnés pour les questions internationales. Le premier jusqu'à l'extrême fin de son deuxième mandat, le second dès sa prise de fonctions, ils ont, comme le prévoit la Constitution de la Ve République, défini et piloté notre politique étrangère. Sur l'ensemble de la période pendant laquelle ils ont dirigé la France (1981-2007), la continuité, dans ce domaine, l'a emporté : indépendance nationale, construction européenne bâtie sur un socle franco-allemand incontournable ; solidarité atlantique sans alignement sur les États-Unis ; respect des souverainetés et des cultures nationales ; dialogue avec les pays du Sud ; engagement très actif dans la diplomatie multilatérale. L'Union européenne a été, pour l'un comme pour l'autre, une priorité essentielle, avec un passage de relais symbolisé par le Conseil européen de Cannes (26-27 juin 1995), préparé par François Mitterrand, puis présidé par Jacques Chirac quelques semaines seulement après son élection.

Au long des années 1993-1997, la voix de la France a été forte et écoutée. Cela avait été le cas entre 1981 et 1993, avec des discours de François Mitterrand qui ont marqué l'Histoire : discours de Cancún (1981), discours à la Knesset (1982), discours au Bundestag sur la sécurité européenne (1983). Et ce sera vrai pour Jacques Chirac pendant ses deux mandats, avec son discours de 1992 au sommet de la Terre à Johannesburg, et son refus de participer à la guerre en Irak (2003).

Pour le Protocole et la petite équipe qui m'accompagnait, ces quatre années ont été bien remplies : entre 1993 et 1997, 60 visites d'État ou visites officielles du président de la République à l'étranger, 18 visites officielles du Premier ministre, 20 sommets multilatéraux, soit près de 100 missions préparatoires. Et, en France, 14 visites d'État, 37 visites officielles de chefs d'État, 45 visites officielles de chefs de gouvernement, et plusieurs grandes rencontres internationales (Cinquantenaire du débarquement en Normandie, sommet franco-africain de Biarritz, cérémonies du 8 mai 1995, G7 de Lyon, Conseil européen de Cannes).

La question m'a été souvent posée de comparer mon travail sous l'autorité de François Mitterrand, puis de Jacques Chirac. Leur personnalité, leur culture, leur style étaient aussi différents que possible. À l'atmosphère inquiète des derniers mois du président Mitterrand à l'Élysée, dont se ressentaient les activités du Protocole, succéda l'enthousiasme d'un nouveau mandat. À un sage qui impressionnait et parfois intimidait avait succédé un chef d'État simple, direct, chaleureux. Mais les deux présidents attachaient une importance identique au protocole, et le respectaient. Et, fondamentalement, la mission du Protocole, son intérêt comme ses contraintes étaient les mêmes. Les agendas des deux présidents faisaient, l'un comme l'autre, une large place aux rencontres multilatérales incontournables. La diplomatie bilatérale leur laissait davantage de liberté, et le choix des pays visités leur permettait à la fois d'expliquer notre politique, de défendre nos intérêts, et de découvrir ou revisiter des pays et des cultures pour lesquels ils avaient une réelle curiosité. Je pense par exemple aux voyages de François Mitterrand en Asie centrale ou au Yémen, à ceux de Jacques Chirac au Japon, en Afrique ou en Amérique latine.

Au printemps 1997, j'exprimai au Président mon souhait de repartir en poste. Jacques Chirac me proposa de me nommer ambassadeur à Beyrouth. Je savais l'importance qu'il attachait au Liban et la place un peu hors normes que, grâce à lui, ce pays tenait dans notre diplomatie. C'était l'assurance d'une mission passionnante. Le Président téléphona devant moi à Rafic Hariri : « Monsieur le Premier ministre, notre ambassadeur au Liban, Jean-Pierre Lafon, va être nommé à l'une des grandes directions du ministère des Affaires étrangères. Pour le remplacer, j'ai choisi Daniel Jouanneau, parce que vous le connaissez bien, il vous a accueilli à chacune de vos visites à Paris. Vous devrez le considérer, pas seulement comme l'ambassadeur de la France, mais comme un membre de mon cabinet. »

J'étais heureux de passer le témoin à mon ami l'ambassadeur Frédéric Grasset. Il avait toute la confiance du Président et de Mme Chirac. Je fis avec lui une dernière mission préparatoire en Chine, pour la visite d'État qu'il lui incomberait d'organiser. Le 42e introducteur des ambassadeurs sera un grand chef du Protocole.

Quelques jours avant mon départ, le Président m'appelle : « Daniel, j'ai une idée. Pour marquer l'importance toute spéciale que j'attache au Liban, et la continuité de notre présence, votre prédécesseur quittera Beyrouth le matin et vous arriverez le soir même. » C'était un geste protocolaire très inhabituel, car en général plusieurs semaines s'écoulent entre la rupture d'établissement d'un ambassadeur et la prise de fonctions de son successeur. Quelques heures plus tard, le Président me rappelle. « J'ai repensé à ce que je vous disais. Nous allons faire encore mieux. Vous arriverez à Beyrouth le soir, votre prédécesseur vous accueillera, vous vous installerez à la résidence, il organisera en présence de ses principaux collaborateurs un dîner de passation de consignes, et vous le raccompagnerez le lendemain matin à l'aéroport. » Le geste devenait inédit, et les médias libanais en comprirent parfaitement la signification. Le protocole est toujours au service de la diplomatie.

Remerciements

J'exprime ma vive gratitude à Grégory Berthier-Saudrais, directeur éditorial des éditons Plon, qui m'a convaincu de partager les souvenirs de ces quatre années au Protocole, parmi les plus passionnantes de mon itinéraire de diplomate.

Je remercie, pour leur contribution à la réalisation de ce livre, Marie-Laure Nolet et Véronique Podevin.

J'ai beaucoup de reconnaissance à l'égard de l'équipe que j'ai eu l'honneur de diriger (celle du Protocole du Quai d'Orsay et de l'Élysée) et de celle, interministérielle et multidisciplinaire, que le chef du Protocole coordonne.

Plusieurs de mes compagnons de route ont bien voulu relire le manuscrit. Leurs souvenirs ont très utilement confirmé, nuancé, ou complété les miens. Ils se retrouveront au fil des pages.

Table

MIXTE
Papier issu de sources responsables
FSC® C003309

L'éditeur de cet ouvrage s'engage
pour la préservation de l'environnement
et utilise du papier issu de forêts gérées
de manière responsable.

CET OUVRAGE
A ÉTÉ ACHEVÉ D'IMPRIMER
SUR ROTO-PAGE
PAR L'IMPRIMERIE FLOCH
À MAYENNE EN OCTOBRE 2021

N° d'impression : 99256
Imprimé en France